LE COURTISAN DÉSABUSÉ,

OU

LES PENSÉES

d'un Gentilhomme qui a passé la plus grande partie de sa vie à la Cour & dans la Guerre.

NOUVELLE EDITION.

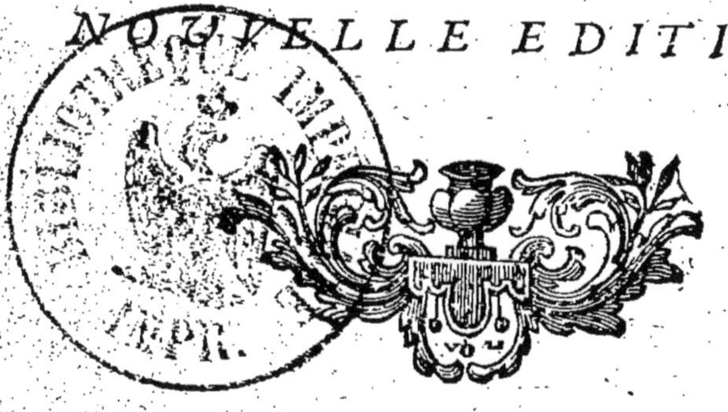

A PARIS,

Chez NICOLAS LE GRAS, au troisiéme Pillier de la grand'Salle du Palais, à L Couronnée.

M. DCC XIII.

Avec Approbation & Privilege du Roy.

TABLE DES CHAPITRES
contenus en ce Livre.

Fin de la Table.

LE

LE
COURTISAN
DESABUSE,
OU
LES PENSEES D'UN

Gentilhomme, qui a passé la plus grande partie de sa vie à la Cour & dans la Guerre.

CHAPITRE PREMIER

De la Sagesse.

'A y crû qu'il étoit à propos que la Sagesse fist l'ouverture d'un Ouvrage que j'ay entrepris, pour remercier Dieu de la faveur qu'il m'a faite de connoistre

A

clairement, par diverses experiences, que
lé monde avec toute sa Sagesse n'est
qu'une folie, & que ceux-là sont les plus
sages qui en font peu de cas, & s'y attachent le moins.

Quand le superbe portail d'un Palais
surprend & remplit d'admiration ceux
qui le voyent, il leur imprime dans l'esprit une certaine image qui les empêche
de remarquer tous les défauts du reste
du Bâtiment. J'espere que la Sagesse
fera le mesme effet en cette rencontre, &
répandra par ses preceptes, certains charmes dans les esprits qui les empesche-
ront de reconnoistre tous les défauts de
ce Livre.

Cette divine Sagesse qui est toute contraire à celle des hommes, nous apprend,
que le tresor des sages & le fruit de
leurs travaux consiste en la tranquillité
de leur vie, que quelques Philosophes
ont nommé le souverain bien ; & que
l'homme ne commence à le goûter, que
lorsque son ame se trouve en un état
où nuls accidents ne sont capables de la
troubler.

Pour y parvenir, cette mesme Sagesse
nous enseigne qu'il faut se dégager du
grand monde, qui comme un torrent

impetueux entraifne aprés luy la plufpart des hommes ; & choifir quelque
retraite dont la douceur ne confifte pas
à mener une vie inutile & nonchalante,
mais à vacquer à foi-mefme ; puis qu'autrement les voluptueux & les lafches
joüiroient à leur aife d'un bien, auquel
les fages n'arrivent qu'avec beaucoup de
temps & de peines.

Elle nous oblige auffi à rejetter comme ennemis de notre bonheur les opinions communes & populaires, qui en
excitant nos paffions font naître tant de
troubles dans notre efprit, qu'il ne
peut jamais eftre fatisfait. Les Pilotes
affurent que l'orage a beaucoup moins
de prife fur les vaiffeaux, lorfque les
voiles font recuëillies, que quand elles
font déployées au vent. Ainfi quand la
Sageffe par un genereux mépris des opinions du monde, recuëille l'efprit de
l'homme dans une honnefte retraite, il
fe trouve beaucoup plus fort contre les
attaques de la mauvaife fortune : rien
n'eft capable de l'alterér, & il ne craint
pas mefme la mort, parce qu'il la regarde comme un port où tous nos maux fe
terminent.

Enfin cette fage maîtreffe, aprés avoir

appuyé & affermi sur la crainte de Dieu
ce riche édifice qu'elle bâtit dans notre
ame ; elle nous porte à embrasser la veritable devotion , qui nous engage à
servir Dieu, nous le fait aimer sur toutes choses, nous fait esperer de luy tout
notre bon-heur ; fait que nous nous ac-
quittons bien de tous nos devoirs, que
nous reglons nos désirs , & que nous
agissons en toutes choses avec tant de
moderation & de justice, que nos paroles & nos actions n'offensent jamais personne.

En verité il y a sujet de s'étonner de
voir que cette Sagesse, étant comme une
Souveraine , qui devroit avoir des
millions de sujets , puisqu'elle a tant
de perfections , & comble de tant de
biens ceux qui la servent : est néanmoins si peu suivie , que le nombre des
sages est tres-petit , & celuy des fols
presque infini.   D'où vient cela ? C'est
sans doute de ce qu'elle est si genereuse
& si innocente, qu'elle ne peut entrer
dans une ame lâche, ni dans un cœur
souillé de vices ; c'est qu'elle demande
des consciences qui soient pures pour
pouvoir joüir d'une veritable tranquillité; c'est qu'elle veut beaucoup de force

d'efprit & de fermeté de courage pour
vaincre les paffions & s'élever au deffus
des chofes du monde ; c'eft qu'elle ordonne qu'on s'applique à l'étude de la
fcience qui nous apprend à bien vivre,
& nous fait connoiftre ce que nous fommes & ce que nous devons eftre.

Ainfi comme nous voyons que la foli-
dité de l'efprit , la pureté du cœur &
l'amour de la vertu, font les ornemens
d'une belle ame, & qu'il n'y a point de
fageffe où ils ne fe rencontrent pas :
Quel fujet y a-t-il de s'étonner que fi
peu de perfonnes la recherchent & s'é-
forcent de l'acquerir ?

Examinez-vous un peu, je vous prie,
pour apprendre de vous-mefme, fi avec
toute la grandeur du monde il eft pof-
fible d'eftre heureux fans eftre fage, &
fi avec le peché on peut mener une vie
tranquille. Que fi vous trouvez que
cela n'eft pas , concluez avec moy qu'on
doit préferer la Sageffe à toutes chofes,
puifqu'avec elle on eft content, & que
fans elle on ne le peut eftre ; & enfuite
dites hardiment, qu'il n'y a rien de tel.
en ce monde que d'eftre veritablement
homme de bien, non pas par la crainte
ou par l'efperance de quelque honneur

ou de quelque profit temporel, mais par la seule consideration de la vertu , qui agit en la mesme sorte qu'elle le conseil- le , lorsqu'elle ordonne à ceux qui l'ai- ment de ne se réjoüir pas seulement en elle , mais de se réjoüir aussi en celuy vers lequel elle les conduit.

Il me semble que je ne sçaurois mieux finir ce premier Chapitre de la Sagesse, que par le conseil du Sage, qui dit : que la vraye sagesse étant la fille du Ciel, il la faut demander au Roy du Ciel qui en est l'auteur , afin qu'elle nous condui- se & nous accompagne par tout. Or c'est une marque de son excellence & de sa grandeur , de ce que nous ne pouvons de nous-mesme l'acquerir ni la meriter par nos bonnes œuvres , mais qu'il faut l'obtenir par nos prieres , appuyées sur la bonté & sur la misericorde de Dieu. Demandons-la luy donc, avec d'autant plus d'instance & d'esperance de l'obte- nir, que l'Ecriture nous apprend qu'il la donne avec largesse à ceux qui la luy demandent.

❧❧❧❧❧❧❧❧❧❧❧❧❧❧❧❧❧❧❧❧

CHAPITRE II.

De l'Ignorance.

LEs tenebres qui étoient sur la surface de l'abîme ayant precedé la lumiere, & le cahos l'ordre qui reluit dans l'Univers ; il semble qu'il falloit parler de l'ignorance avant que de parler de la sagesse, puisque l'ignorance est comme un cahos couvert de tenebres. Mais outre que la sagesse étant aussi noble que l'ignorance l'est peu, elle doit tenir le premier rang, il n'appartient qu'à Dieu, par une merveille digne de son pouvoir infini, de tirer l'ordre du desordre, la beauté de la laideur, & la lumiere des tenebres : au lieu qu'au contraire je ne puis produire que ce qui se trouve en moy, c'est-à-dire, que confusion & qu'obscurité.

On dit que c'est une belle chose d'être sçavant, & d'avoir vécu long-temps avec les doctes. Je le veux croire pour me conformer à l'opinion commune & ne pas paroître singulier. Les sçavans

néanmoins me pardonneront , s'il leur
plaift, fi je me declare pour l'ignorance
dont je fais profeffion , & fi j'appelle à
la défenfe de fon parti tout ce qui la
peut rendre confiderable. Je fçay que
j'auray en tefte des ennemis tres-puif-
fans ; qu'il me faudra combattre autant
de perfonnes qu'il y a de Docteurs dans
le monde ; & que mefme plufieurs ignorans voulans paffer pour fçavans, m'a-
bandonneront dans la défenfe de leur
propre caufe. Mais tout cela ne me
fçauroit détourner de mon deffein , ni
empefcher que je n'efpere beaucoup de
mon fiecle où la multitude fera pour
moy. Et quand il ne me feroit pas honorable de me fervir de cet avantage , il
n'y a condition fi élevée d'où je ne puiffe
tirer quelque force pour ma défenfe.
N'y a-t-il pas des hommes que leur profeffion oblige à eftre fçavans , qui font
gloire, auffi bien que les gens d'épée , de
ne rien fçavoir ? Et ainfi la plufpart des
Gentilshommes ne fait plus qu'une partie
des illuftres ignorans.

Quand aux Dames, quoy qu'il y en
ait de fçavantes ; néanmoins leur modeftie ne leur permettant pas de l'a-
voüer, je n'auray pas grande peine à les

engager dans mes intérefts ; les leurs propres les y engagent affez, puifque leur
fexe, leur coutume & leur moderation
les reduifent à la neceffité de me fuivre.
Ce feront en cette occafion autant d'A-
mazones qui iront défoler le pays Latin,
& porter le feu dans toutes les Biblio-
theques. Leur exemple nous fait voir que
la fcience n'eft pas beaucoup neceffaire,
puifqu'il s'en rencontre parmi elles de
plus fages, de plus intelligentes, & de
beaucoup plus genereufes que plufieurs
Docteurs.

O belle & victorieufe ignorance, qui
fubfiftez par vos propres forces ? n'eft-
ce pas avec raifon que je prens votre
parti ? Car en effet qu'eft-ce que l'i-
gnorance dont j'entens parler, finon
l'un des plus beaux dons de la nature,
& fi je l'ofe dire, une efpece de fcience qui femble eftre infufe dans l'efprit
des hommes, afin de leur donner
moyen de fe paffer des fciences qui les
pourroient jetter dans l'erreur ? Car il
eft certain que ceux qui ne font éclairez
que de ce flambeau, ne s'égarent pas:
pourvû qu'ils fuivent fa lumiere, ils arrivent toûjours où ils ont deffein d'aller, &
touchent infailliblement le but où ils

A v

tendent, parce que c'eſt la raiſon naturelle, c'eſt à dire, le bon ſens qui les
conduit.

D'ailleurs ne ſçavons-nous pas que la
ſcience a eſté la ſource de tous les crimes : que le premier coupable ne le fut
que pour vouloir devenir ſçavant ; &
que pour avoir écouté des ſentimens
étrangers il perdit toute la felicité de
ſon premier eſtre ? Si nous ſommes malheureux, c'eſt donc parce que nous l'i-
mitons. La ſcience nous perſecute comme un tyran, & au lieu de nous armer
contre les accidens de la fortune, elle en
imprime la crainte dans notre eſprit.
Et qui ne voit auſſi qu'elle ne nous rend
pas meilleurs, puiſque d'ordinaire ce ne
ſont pas les plus ſçavans qui ſont les plus
ſaints ?

Helas que vous eſtes heureux, ſi vous
connoiſſez votre bonheur, pauvres
ignorans qui n'avez nulle teinture des
Lettres, & qui dans les Villes ou dans
la Campagne joüiſſez avec innocence
de ce profond repos qui ne ſe rencontre
preſque jamais avec la connoiſſance des
choſes qui ſont ſuperfluës ! Vous en
ſçavez aſſez pour connoiſtre Dieu de qui
vous eſtes l'ouvrage, & qui vous con-

ferve la vie. Pour n'eſtre pas inſtruits dans les Sciences vous n'avez pas moins de conſtance dans le travail, de patience dans les maux, & de moderation dans la joye. Rien ne vous attache à l'amour de la vie ; tout vous diſpoſe à la mort, & votre ignorance vous exempte de la malediction prononcée par le Sage : Que quiconque cherche la Science, cherche ſon malheur.

En effet, il n'y a point de miſerables plus dignes de compaſſion que le ſont quelques Sçavans. Ils reſſemblent à ces hypocondriaques qui ſe figurent eſtre tout ce qu'ils ne ſont point, & qui ont l'eſprit embaraſſé de ces ſortes de notions qui font le déreglement du ſens commun, & embroüillent l'imagination. Voila en bien peu de mots l'image d'une grande partie de ceux qui ſe flatent de leur ſcience. Car choiſiſſez-les de telle profeſſion qu'il vous plaira, vous en trouverez beaucoup dont l'imagination n'eſt remplie que d'idées confuſes, & la memoire que de chimeres.

Le Sçavant ſe perſuade que tous les autres ſont des ignorans, & qu'il poſſede luy ſeul toutes les connoiſſances du monde. L'incertitude luy paſſe pour

A vj

demonſtration, l'aparence pour realité, & l'erreur pour une verité conſtante. Ses penſées luy ſont des revelations, ſes opinions des oracles, ſes extravagances des myſteres. L'un croit avoir penetré dans les difficultez les plus profondes : l'autre fait dire à des Auteurs ce qu'ils n'ont jamais penſé. Celuy-cy tient qu'il faut chaſſer le chaud par le froid : & cet autre que le froid doit eſtre vaincu par le chaud. La Terre tourne ſelon les uns , & le Ciel ſelon les autres. Le Soleil eſt pour les uns le centre du monde, & les autres veulent que ce ſoit la Terre.

Il faut avoüer aprés cela que la Science vaine & orgueilleuſe vaut beaucoup moins que l'ignorance humble & innocente ; & que ces ſectateurs ont plus de ſuperficie que de fond, & plus d'éclat que de ſolidité : au lieu que les leçons que la nature nous donne vont droit à leur fin , & nous conduiſent infailliblement à la nôtre.

C H A P I T R E III.

De la Vertu.

AVant que de juger d'une chose
il faut la connoiftre, afin que notre jugement foit folide, & que nous
puiffions faire un choix qui nous foit
avantageux. C'eft pourquoy la Vertu
trouvera bon, s'il luy plaift, que nous
l'expofions à l'examen de notre raifon
pour fçavoir ce qu'elle eft, & fi elle merite fi fort qu'on l'aime & qu'on la recherche.

Pour moy qui ne fais pas profeffion
de penetrer bien avant dans les fujets
fublimes & relevez, je regarde la Vertu comme une qualité toute divine, laquelle embellit notre ame, dont l'a-
mour a pour fondement un doux &
agréable mélange d'éclat & de lumiere, d'attraits & de charmes qui ravif-
fent tout le monde, & qui ne trom-
pent perfonne. Celuy qui eft orné de
cette qualité, ne fe chagrine de quoyque ce foit : rien n'eft capable de le

troubler : il est à l'épreuve de tous accidens, il a toûjours un mesme vilage, & se trouve toûjours dans un mesme état.

On dit que Platon parlant de la Vertu, a dit : que si on la pouvoit voir des yeux du corps, on ne pourroit pas ne la point aimer. Je croy qu'il avoit raison : Car si on ne l'aime pas, c'est, ou parce qu'on ne la voit pas, ou parce qu'on la voit de trop loin, puisque plus on s'en approche, plus elle plaist ; & on la trouve d'autant plus belle, qu'on la considere plus à loisir. Car si c'est la joüissance des biens qui nous contente, & nous rend heureux, autant qu'on le peut estre en ce monde ; je voudrois bien sçavoir quel plus grand bien nous pouvons trouver que dans la possession de la Vertu ?

Je sçay que non seulement le commun des hommes, mais une partie de ceux qui passent pour les Illustres & pour les Heros du siecle, luy preferent les grandeurs du monde & les avantages de la fortune. Néanmoins si nous prenons la peine d'examiner tout ce que peut la fortune, je ne doute point que nous ne prenions contr'elle le parti

de la Vertu , & ne vangions l'injustice
avec laquelle on s'efforce de l'opprimer.
Saint Bernard , à ce que j'apprends,
ne veut pas que nous prenions le parti
de la Vertu simplement pour elle même , comme ont fait les Philosophes;
mais il veut que nous le prenions, parce que c'est par son moyen que Dieu
établit dés cette vie sa demeure dans
nos ames, & qu'il y trouve ses délices.
Nous connoissons les Princes : nous
entrons dans les cabinets des Rois : nous
voyons leurs infirmitez & leurs chagrins : nous sçavons à combien de déplaisirs ils sont sujets : une piqueure ,
un mot , un soupçon , un petit dégoût trouble leur contentement , sans
que les honneurs qu'on leur rend avec
tant de flatterie , les qualitez surémi-
nentes qu'on leur attribuë , les noms
si augustes qu'on leur donne , & leurs
Sceptres mesmes & leurs Couronnes
soient capables de bannir l'inquietude
de leur esprit. La seule Vertu les peut
affranchir de tous ces maux qui leur
sont communs avec le reste des hommes, & leur donner un contentement
veritable.

On se dégoûte de tout en ce monde

& l'abondance des plaisirs , des honneurs & des richesses, les rend mesme
souvent méprisables. L'homme est si in-
constant & si délicat, que ce qu'il aime
aujourd'huy , il le hait demain ; mais
on ne se dégoûte jamais de la vertu :
plus on la possede, & plus on l'aime :
plus elle se communique, & plus on
la trouve agreable : ses plaisirs sont toûjours nouveaux , & par conséquent jamais dégoûtans : elle travaille sans se
lasser ; .elle se repose sans s'ennuyer ;
elle cherche sans s'empresser, elle trouve avec joye ce. qu'elle cherche : ses
souhaits n'ont point de fin ; ses esperan-
ces se renouvellent à toute heure ; elle
est toûjours en action ; elle agit toûjours
sans passion ; & elle a encore cet avantage tout particulier, de n'estre pas seulement estimée de ses amis , mais de
l'estre mesme de ses ennemis. Le vice
qui ne la sçauroit souffrir, ne laisse pas
de la respecter, & n'ose paroistre en sa
presence ; ainsi l'yvrogne défend à son
fils de boire excessivement : celuy qui
a passé sa jeunesse dans la licence des
plaisirs infames, en donne de l'horreur à
ses enfans : & une femme qui fait l'a-
mour, prêche la pudeur à ses filles lors-

qu'elles font en âge d'eftre cajollées.

En poffedant la vertu on s'eftime heureux, quoy qu'on manque des chofes
en quoy les méchans établiffent tout
leur faux bonheur. On peut la comparer à du pain, fans lequel les viandes
mefmes les plus délicates font dégoû-
tantes & nuifibles à la fanté. Un Roy
fans vertu eft l'image d'un tyran : &
un Religieux fans vertu, celle d'un demon. Il n'y a point de veritable honneur fans vertu : & ainfi les Romains
avoient raifon de placer le Temple de
l'honneur de telle forte qu'on ne pouvoit y arriver que par celuy de la vertu.
L'honneur eft à la vertu ce qu'eft l'ombre au corps qu'elle fuit ou qu'elle pré-
cede toûjours. Enfin, c'eft par la vertu qu'on fe fauve. Tellement que celuy
qui renonce à la vertu, renonçant en
mefme temps à fon falut, il agit en furieux, puifqu'il agit en ennemy de foy-
mefme.

Il faut donc conclure que la vertu
eftant une qualité fi noble & fi relevée,
on la peut nommer la fille du Ciel,
& un don de Dieu qui ne fçauroit
proceder que de fa grace : que les
vertus des Infideles n'eftoient pas de

veritables vertus ; que Dieu eſt appellé
le Dieu des Vertus , parce qu'il en eſt
le principe : que comme elles viennent
toutes de luy , elles doivent retourner à
luy , & qu'il faut les luy demander avec
humilité , aprés s'eſtre bien diſpoſé à les
recevoir.

CHAPITRE IV.

De l'Eſperance.

SI l'on baniſſoit l'Eſperance de l'eſprit de l'homme , ce ſeroit le faire
mourir avant le temps. Car qui ſeroit
capable de le conſoler ? L'Eſperance eſt
une douce imagination d'obtenir le bien
que l'on deſire ; & elle cauſe une joye
qui ſe répand autour du cœur , & qui
éclate par les yeux ſur le viſage. Les plus
miſerables reſpirent par elle, & ſe promettent du changement dans leur mauvaiſe fortune : elle ſert de bouſſole à
ceux qui vont chercher ſur la mer de
nouveaux mondes : elle fait que le ſoldat
ſe jette dans le feu & dans les hazards,
pour acquerir une gloire qui produiſe

des récompenses ; que le Laboureur travaille toute l'année pour arriver à la
recolte : que le Pilote s'expose à tous
les perils de la mer pour s'enrichir ;
& que le Courtisan rend des soûmis-
sions & prend des peines incroyables
pour faire fortune. Si l'on joüe, c'est
par l'esperance de gagner : si l'on chas-
se, c'est par l'esperance de prendre :
si l'on sert quelqu'un, c'est par l'esperance d'acquerir la réputation d'estre bon
amy : & si l'on se sacrifie pour l'Etat,
c'est par l'esperance d'immortaliser sa
memoire.

Les Roys mesmes qui n'ont pas
besoin de ce que les autres hommes recherchent avec tant d'ardeur, se rendent esclaves de l'honneur, par l'esperance de l'accroistre. Jamais personne
n'a esté content de sa fortune, parce
qu'on l'espére toûjours meilleure : &
ainsi c'est sans cesse à recommencer, à
cause que l'étenduë de cette passion est
comme infinie. Saint Augustin, à ce
que j'apprends, met cette difference
entre les choses temporelles & les spi-
rituelles : que les temporelles sont re-
cherchées avec plus de passion, mais
qu'elles s'affoiblissent bien-tost & en-

gendrent du dégoût pour la joüiſſance ;
au lieu que l'on aime les ſpirituelles encore plus ardemment quand on les poſſede , parce qu'on y trouve beaucoup
plus que la foy n'avoit pû croire, ni
l'eſperance ſouhaiter.

Si l'homme qui a un peu vécu, doit
avoir l'experience de ces veritez, comment peut-il s'arreſter à toutes ces eſperances paſſageres ? Je veux que l'on
en joüiſſe ſans oppoſition & ſans dégoût : voyons je vous prie , combien
l'effet en pourra durer. Le Sage en parlant de l'âge de l'homme , dit que le
plus long eſt de cent ans. Que peut
donc eſtre notre vie en comparaiſon de
l'Eternité , ſinon ce qu'eſt une goute
d'eau au regard de toute la mer , &
comme un grain de ſable au regard d'une
montagne ?

Or ſi cette vie eſt ſi courte ; ſi celle
qui la ſuit eſt éternelle ; & ſi la ſatisfaction de vivre en homme de bien donne tant de joye : n'y a-t-il pas de la folie à ne tourner pas nos yeux & notre
cœur vers le Ciel , pour mettre toute
notre confiance en celuy qui a dit : Que
ceux qui eſperent en luy ne periront
point ?

C H A P I T R E V.

De la Patience.

LA Patience est une vertu dont le monde ne se peut passer. C'est comme le sel qui assaisonne toutes choses, & comme le pain qui est le principal soûtien de la vie. On trouve par elle le repos & la vraie paix de l'esprit qui nous fait supporter les peines presentes, & nous soûtient dans la longue attente des biens à venir.

La naissance qui nous rend citoyens du monde, nous soûmet à l'autorité des Loix, qui sont comme une image de la Providence de Dieu, laquelle marche toûjours d'un pas égal : mais les hommes au lieu de se laisser conduire par elle, veulent par des voyes indirectes hâter le succés de leurs desseins, & estre eux-mesmes les artisans de leur fortune. Ainsi comme les mauvais évenemens leur font voir qu'ils se sont trompez, il ne faut pas s'étonner s'il s'impatientent & s'inquietent.

Mais il n'y a point de condition, où l'on ne doive imiter la terre, qui attend sans impatience que la rigueur de l'Hyver se passe, & que le Soleil luy rende par son retour les beautez que son absence luy a fait perdre. Car si celuy qui est dans sa maison à la campagne avec sa famille, n'est point sujet aux inquietudes & aux chagrins que cause l'ambition : s'il n'est point esclave de la faveur, & n'a point de combats à donner contre tant de déplaisirs qui se rencontrent dans le monde ; il n'est pas exempt néamoins de beaucoup d'autres disgraces qui demandent une grande patience. Il peut estre persecuté par la médisance, par l'envie, par la tyrannie d'un voisin, par l'embarras d'un Procez, par la perfidie d'un faux amy, & par l'infidelité de ses domestiques. Il peut estre affligé en ses biens par les grêles, les innondations, les embrazemens, & les autres fleaux de la nature ; & il peut estre ruïné entierement par la fureur de la guerre. Il est donc vray qu'il y a dans toutes sortes d'estats des disgraces que l'on ne peut éviter, & que par conséquent on a besoin de les supporter avec patience.

Ainſi nous ne devons pas nous mettre en colere, ſi les ſaiſons ſont moins reglées, ſi la terre eſt moins feconde, ſi les humeurs des hommes ſont moins complaiſantes, & ſi les amis ſont moins fideles. Ce n'eſt pas que le Chrétien doive avoir cette vanité des Philoſophes d'eſtre inſenſible ; mais il doit avoir le deſir de l'Apoſtre, qui eſt de vaincre en combattant contre les accidens de cette vie. Ce qui ſe peut toûjours avec la grace de Dieu, quoique pour ne point tomber dans la préſomption de nous-meſmes, il faut s'éloigner autant que l'on peut des occaſions où il ſe rencontre du péril, parce que celuy qui l'aime y perira, dit l'Ecriture. Que ſi nous ne pouvons entierement l'éviter, il faut au moins le fuïr auſſi-toſt que nous nous en appercevons, puiſque le moindre retardement le rend ſouvent ſans remede. Le feu ne s'éteint aiſément que lorſqu'il commence à s'allumer : un arbre n'eſt facile à arracher que quand il eſt planté de nouveau ; & une pierre ne ſe peut arreſter ſans peine, que lorſqu'elle n'eſt pas encore tombée dans le précicipice.

Ainſi notre foibleſſe nous oblige à

craindre non-seulement que notre raison
ne soit obscurcie par les premiers effets
de notre concupiscence, mais qu'elle ne
soit ensuite aveuglée. C'est pourquoy
nous avons besoin d'une patience semblable à celle dont parle saint Paul, &
qu'il appelle un effet de la tribulation,
lorsqu'il dit que la tribulation produit
la patience, la patience l'esperance, &
l'esperance la recompense. Selon ce veritable raisonnement l'action de Dioge-
ne qui embrassoit pendant l'hyver une
statuë de neige pour éprouver, disoit-
il, sa patience, n'en estoit pas un effet,
vû qu'estant interrogé s'il avoit froid;
il répondit que non. Et qu'y a-t'il donc,
luy repliqua-t-on de difficile en cela?
Car la mesure de la patience est la
souffrance, puisque si l'une ne nous attaque, nous n'avons point besoin du secours
de l'autre.

Mais comme il y a sans doute beaucoup de difficulté de resister à un grand
mal quand il est present, il faut autant
qu'on le peut arrester l'impétuosité des
premieres émotions où notre inclination nous porte, nous roidir contre elles
avec vigueur, & ne leur donner, comme
je l'ay dit, aucune prise au commencement.

ment. Ce qui eſt particulierement néceſſaire aux perſonnes de condition, parce qu'eſtant accoûtumez à tous les aiſes
de la vie, ils ſont ſi ſenſibles & ſi dé-
licats que les moindres choſes font qu'ils
s'emportent : & cette meſme raiſon fait
que les femmes ſont encore plus impa-
tientes que les hommes. C'eſt pourquoy le plus aſſuré, quand on le peut
& qu'il y a du peril, c'eſt d'éviter la
perſecution que nous font nos paſſions,
quoy que ce ſoient des moyens d'exercer notre vertu, puiſque l'Ecriture nous
enſeigne de fuir & de nous éloigner des
occaſions. Mais ſi une fois elles nous
joignent, il faut ſoûtenir le choc, & ſe
munir de la patience.

C'eſt donc une néceſſité commune &
ordinaire que d'endurer, & il n'eſt pas
raiſonnable de vouloir en eſtre exempt :
il faut s'aſſujettir doucement aux loix
de notre condition, & nous reſoudre à
ſouffrir ce que nous ne ſçaurions éviter;
en quoy nous avons d'autant moins de
ſujet de nous plaindre, que l'ordre de la
nature eſt avantageux en ce qui regarde la douleur des ſens. Car ſi elle eſt
longue, elle eſt moderée : & ſi elle eſt
violente, elle ceſſe bien-toſt, ou nous

B

emporte, où nous en délivre : outre que
la douleur eſt plus utile que la ſanté,
parce qu'elle ſert de matiere à la patience, & que le corps eſtant fait pour ſervir
à l'ame , ce ſeroit préferer l'eſclave à
ſon maiſtre que de ne pas ſupporter la
douleur avec patience.

La retraite & le recüeillement de l'eſprit nous peuvent beaucoup ſervir pour
acquerir la patience, parce qu'ils nous
donnent du mépris de ce qu'il faut quitter un jour , de l'indifference pour les
peines qui finiſſent, & des lumieres capables de nous mortifier contre tous les
accidens de cette vie. Enfin ſi les ſouffrances ſont mediocres , notre patience
ſera facile : & ſi elles ſont grandes, elle
nous ſera glorieuſe.

Au reſte n'accuſons point la nature de
nous avoir fait trop foibles pour ſouffrir
de certains maux ; mais condamnons-
nous plutoſt nous-meſmes d'eſtre ſi dé-
licats & ſi laſches à nous oppoſer à ſes
ſaillies , qu'au lieu de la vaincre nous
ſommes vaincus : & puiſque l'Apoſtre
dit que la patience nous eſt neceſſaire
pour obtenir l'accompliſſement des promeſſes que Dieu nous a faites, & remporter les couronnes qu'il promet à ſes

Elûs, aimons-là de tout notre cœur, comme eſtant noſtre remede dans nos maux, notre force dans nos foibleſſes, notre paix dans notre trouble, & comme pouvant rendre notre ame un ſanctuaire, où Dieu prendra plaiſir d'habiter juſqu'à ce qu'il nous conduiſe dans le Ciel pour y couronner cette vertu.

CHAPITRE VI.

De l'Humilité.

L'HUMILITE' eſt une vertu ſi excellente que ſans elle on ne peut eſtre agreable à Dieu ni aux hommes. Mais comme les choſes parfaites ne ſont pas communes, elle eſt tres-rare & trescachée, & par conſéquent tres difficile à découvrir, principalement dans la Cour des Rois & dans les bonnes compagnies, où chacun ſe tient ſur ſes gardes, & cache ſes défauts ſous de belles apparences; ce qui fait quelquefois que le Glorieux paroiſt humble, & l'Avare magnifique.

Pour acquerir cette vertu & étouffer

l'orgueil dans sa source , nous devons
considerer ce qu'estoit l'homme avant
sa naissance, ce qu'il est durant sa vie,
& ce qu'il sera aprés sa mort. Son entrée
dans le monde est accompagnée du peché ; sa suite n'est que douleur ; & sa fin
que pourriture. Il est digne de compassion dans toutes les deux parties qui le
composent ; & si vous faites l'anatomie
de son corps dans ce sexe mesme qui semble en avoir eu en partage toute la beauté , vous y trouverez mille infirmitez,
mille défauts.

Pourquoy donc nous glorifier ? Et sur
quoy fonder nostre vanité ? Est-ce sur
nos forces ? Les animaux en ont incomparablement davantage. Est-ce sur notre bonne mine & sur toutes les autres
graces de la nature ? Helas ! la moindre
maladie & mille accidens nous mettent
en estat de donner plus de pitié que
d'envie. Est-ce sur nos richesses ? Un
mauvais office, un procés, une querelle
nous peut jetter dans la disgrace & nous
réduire à l'Hôpital. Mais quand rien de
tout cela n'arriveroit, la mort nous é-
galera aux plus infortunez & aux plus
pauvres. Car cherchez dans les tom-
beaux les plus magnifiques , vous n'y

trouverez que des vers, des os & de
la poussiere. Et quant à notre esprit il
est si aveugle qu'il ignore presque toutes
choses, & a de la peine à se connoistre
soy-mesme. Jugez donc, je vous supplie,
s'il n'a pas sujet de s'humilier. Aussi le
Fils de Dieu veut que le plus grand d'entre nous soit le plus petit, & que nous
ayons l'humilité & la simplicité des enfans.

L'Ecriture-Sainte nous fait voir les
autres avantages de cette vertu, lorsqu'elle dit que celuy qui s'humilie sera
exalté : qu'où est l'humilité, là est la
sagesse ; que Dieu enseigne les humbles ;
qu'il est comme le maistre des petits,
& qu'il leur communique ses secrets.
De plus, l'experience nous fait voir que
l'humble est heureux dans cette vie, &
ne court point fortune en s'élevant, de
tomber dans le précipice où se se jettent
les orgueilleux, parce qu'il reçoit de la
main de Dieu la bonne & la mauvaise
fortune comme des choses passageres,
sans se glorifier de l'une, ny se chagriner
de l'autre. Ce qui a donné sujet à saint
Augustin de s'écrier : Les simples & les
humbles s'élevent & ravissent le Ciel,
& nous avec notre vanité & notre sça-

voir, nous nous plongeons dans les in-
famies où la corruption de la chair nous
porte.

Que peuvent eftre les autres vertus
fans l'humilité, puifqu'elle eft leur
baze. Il n'y a point de fi grand éclat
que la vanité n'obfcurciffe, comme il
paroift, parce qu'elle a pû changer un
Ange de lumiere en un Ange de tenebres.

La vraye humilité ne fe vante & ne
fe glorifie de rien : & au lieu de s'admirer elle fe méprife. Car comme elle
afpire plus haut, elle fe trouve petite
en comparaifon de la grandeur qu'elle
recherche. Ainfi tant s'en faut qu'elle
s'eftime eftre confommée, dans la vertu, elle fe croit au contraire toûjours imparfaite. Elle fçait que cette vie eft un
temps de guerre, & non de triomphe :
C'eft pourquoy au lieu de prévenir le
repos dont elle efpere de joüir un jour,
elle eft continuellement en action, &
travaille comme fi elle ne faifoit que
commencer.

Il n'y a en ce monde que deux chofes
qui puiffent mettre le cœur de l'homme en repos, Dieu & l'humilité : hors
de là il eft fans ceffe dans l'inquiétu-

de. Mais quand il est en Dieu, il est dans la charité ; or la charité estant un amour parfait, elle le remplit de consolation, sans que nul accident soit capable de luy ravir ni sa joye ni son repos. Quand il est dans l'humilité, la verité qui la suit par tout, luy découvre la tromperie des choses qui seroient capables de le troubler, & luy fait regarder toutes les fortunes de la terre comme des chimeres. Nous ne sçaurions donc accomplir avec trop de soin le commandement de l'Evangile qui nous oblige de nous asseoir toûjours au plus bas lieu, parce que nous ne sommes en notre centre, que quand nous sommes dans l'humilité.

Un des moyens avec la priere d'acquerir cette importante vertu, c'est de considerer souvent les avantages que les Saints en ont tirez, & les exemples qu'ils en ont laissez. Car si les Ours des montagnes couvertes de neige font leurs petits blancs, à cause qu'ils ont toûjours cette blancheur devant les yeux ; si les Brebis de Jacob faisoient des agneaux bigarrez en voyant incessamment des baguettes de differentes couleurs, & si pour nous proposer

B iiij

un plus grand exemple, la sainte Vierge
est devenuë la plus humble de tous les
Saints pour avoir continuellement arrêté
sa veuë sur l'humilité de son Fils, il y a
sujet d'esperer que méditant souvent sur
cette vertu, nous nous en imprimerons
les sentimens, & que ces sentimens & ces
pensées nous feront produire des effets
qui seront suivis des récompenses que le
Fils de Dieu promet aux humbles.

CHAPITRE VII.

De la Discretion.

L A Discretion est une des filles du
Jugement, & elle veille sur la
conduite de nos actions. Car il ne nous
suffit pas d'avoir de la passion pour la
vertu, il faut que notre action & notre
amour ayent des bornes. Par exemple,
c'est tres bien fait de prier Dieu, & nous
ne sommes au monde que pour cela ;
mais il est besoin de partager notre
temps, afin d'en employer une partie à
ses loüanges, & l'autre aux affaires domestiques ou generales. Une personne

devote ne confidere quelquefois pas
affez que le diable n'ayant pû arrefter le
cours de fa devotion, il la plonge infen-
fiblement dans les fcrupules qui la ruinent.   Car s'il luy perfuade qu'elle doit
prier fans relâche, & perdre pour cela
le temps du repas & du repos, afin de ne
point interrompre un exercice fi faint ; il
arrivera que la partie inferieure s'affoi-
bliffant par cette exceffive contention,
la liaifon fi étroite qu'elle a avec la fuperieure, fera qu'elle luy communiquera
la laffitude : d'où vient que ce qui eftoit
vertu dans fon principe, dégenere, manque de difcretion, en foibleffes, & ces
foibleffes en vices.

Si dans la guerre on fait une entreprife de conféquence , elle ne peut arriver à la fin pour laquelle elle a efté
réfoluë dans le confeil & commencée
dans le combat, fi au milieu mefme du
péril la difcretion ne la conduit. Ce qui
a fait dire à plufieurs, qu'Uliffe par fon
grand efprit eftoit plus digne de com-
mander qu'Ajax par fon grand courage : & on tire de là ce raifonnement mi-
litaire ; qu'un Capitaine fort vaillant,
mais d'un efprit médiocre , eft plus
capable de faire des fautes qu'un autre

B v

moins courageux, mais qui a beaucoup
d'efprit. Et voicy furquoy l'on fonde ce
raifonnement. Ce Capitaine brave &
brutale ne regarde pas plus loin que fon
épée, & fe porte dans les perils fans
les avoir bien confiderez : ainfi fi quelque chofe arrefte fa fougue, ou que la
mort fe prefente à luy lorfqu'il ne l'at-
tendoit pas, il quitte fon deffein & s'é-
tonne. Au contraire, celuy qui eft pru-
dent & aime l'honneur, fe reprefente le
danger plus grand qu'il n'eft : & comme il voit que fon imagination le trompe
& que le péril eft moindre qu'il ne l'avoit
crû, il fe raffure.

Ainfi le plus fage doit eftre préferé
au plus hardi, parce que la conduite
qui fait bien ou mal réüffir les entre-
prifes, eft la partie la plus néceffaire de
la guerre ; & qu'au lieu qu'elle accompagne toûjours un homme d'efprit, elle
ne fe rencontre prefque jamais avec un
brutal.

Enfin cette fage difcretion doit eftre
fans ceffe avec nous, & nous ne devons jamais eftre fans elle. Elle eft fi
utile dans la Cour qu'il faut qu'elle
nous meine par la main, nous conduife
comme un aveugle, & nous marque

les lieux & les temps de nous approcher, de nous reculer, de parler, ou de nous taire. Ce n'eſt pas tant une vertu que la maîtreſſe & la guide des vertus : ſes regles s'étendent auſſi loin que celles de la prudence : toutes-deux ſe doivent accommoder aux occaſions particulieres, & ne ſe peuvent comprendre par des maximes générales. Car l'homme eſtant né libre, il ne peut ſouffrir une trop grande contrainte, & on le peut beaucoup mieux conduire par adreſſe que par violence.

Cela ſuppoſé, on ne doit pas choquer brutalement le naturel des perſonnes ; mais combattre peu à peu leurs mauvaiſes inclinations, les gagner par adreſſes agréables, & les porter inſenſiblement où l'on deſire. Il faut imiter le Soleil qui meſure les temps & les ſaiſons, qui ſe fait voir & ſe cache ſelon le beſoins que les créatures inférieures ont de luy ; & par ce moyen nous conduirons ainſi notre vie ſelon les meſures de la diſcretion. Mais pour cela il faut implorer la grace de Dieu, puiſque ſans elle nous ne pouvons rien.

B vj

CHAPITRE XIII.

De la Pudeur.

LA nature qui est admirable en toutes choses, a pourvû l'homme de défense contre les divers accidens dont il peut estre attaqué. Elle luy a fourny des armes pour se garantir de ses ennemis, & des remedes pour se délivrer de ses incommoditez. Si nous considerons l'œconomie de son corps, nous y verrons un bel ordre, des loix si regulierement observées, qu'il n'y a jamais d'intermission en ses mouvemens, tant que le cœur, qui en est la source, n'est point offensé. Lorsque la colere l'échauffe, le sang des autres parties vient à son secours : & le mesme arrive à proportion quand il est attaqué par les autres passions.

Entre autres choses, que ne fait point sa nature en l'impression de la honte ? Pour moy je ne comprens pas qu'il y ait rien où elle témoigne davantage son adresse & sa conduite. L'incarnat dont

l'innocence fe peint toutes les fois qu'-
elle eft menacée de quelque danger ou
de quelque injure qui veut choquer fa
pureté, eft comme l'étendart de pourpre
des anciens Conquerans, qui n'eftoitt
pas fi-toft élevé, qu'il fervoit de fignal à
toute l'armée, que le temps de combattre eftoit venu.

La honte qui fait naiftre cette rougeur que nous appellons pudeur, n'eft
pas une crainte qui nous eftonne, &
nous rende lâches : au contraire, c'eft
une efpece de generofité qui ne peut
rien fouffrir qui bleffe l'honneur ou la
confcience, & qui nous preffe de la re-
pouffer. D'où vient qu'on la peut comparer au lien d'une fafcine allumée :
parce qu'ainfi que le feu ne s'étend
pas tandis que cette ceinture la preffe :
de mefme quoique la tentation foit violente, elle ne peut néanmoins répandre
fes flammes tandis que la pudeur la
refferre & l'oblige de fe contenir dans
fes limites.

Chacun reconnoift cela par fa propre
experience. Car on voit que les premiers
pechez font mal-aifez à commettre, à
caufe que cette honnefte honte d'of-
fenfer un Dieu dont nous tenons notre

bonheur & notre vie , arreste quelque
temps notre volonté fur le bord du pre-
cipice. Mais quand elle nous abandonne , alors il n'y a plus de remede ; nous
tombons infailliblement ; & il nous arrive comme à ceux qui en voyageant la
nuit , fuivent certains méteores allu-
mez dans l'air , qui conduifent dans des
lieux marécageux , où ils periffent quelquefois miferablement.

Notre inclination pour l'honnefteté
merite bien que nous prenions un foin
continuel de la conferver. C'eft une faveur du Ciel qui répand la tranquillité
dans l'ame : & la nature qui eft fi fage,
femble avoir muni l'homme de cette
pudeur , qui fait que craignant de perdre l'eftime , il retient fes fens autant
qu'il le peut dans leur devoir , & fe fait
comme des gardes de toutes les créatures qui peuvent eftre témoins de fes
actions.

La honte qui procede de cet inftinct,
reprime les fentimens qui s'élevent contre l'honnefteté. A la feule veuë de quelque objet deshonnefte , nous baiffons
les yeux , nous demeurons interdits, &
notre vifage fe couvre d'une rougeur
qui témoigne notre peine , parce que

l'ame qui est d'une nature incorruptible,
sentant blesser par les sens son integrité,
elle témoigne le desaveu qu'elle en fait
par ces marques de pudeur qu'elle imprime sur notre corps.

Platon mesme, quoique Payen, défend, à ce que l'on dit, les tableaux las-
cifs, comme des machines toûjours dres-
sées contre la pudicité ; & le véritable
Chrétien n'improuve pas seulement ces
sales objets, mais generalement tout ce
qui le peut empescher d'estre chaste dans
ses pensées, dans ses paroles & dans toutes ses actions. Car le cœur & la bouche
doivent ressembler à des visages remplis
de parfums, ou comme dit l'Apostre, à
un encensoir, avec lequel nous presen-
tons le parfum de nos Oraisons à la Ma-
jesté divine, & non pas à un sepulcre
qui n'exhale qu'infections, que pourriture, & que des vapeurs de mort. Enfin
nous devons conserver la pudeur avec
autant de soin que nous conservons
notre vie : & c'est une Vierge qui
quoy que Vierge ne laisse pas d'estre feconde, puisqu'elle produit en nous des
vertus.

Je sçay que les libertins sont forts
éloignez de ces sentimens : ils ne s'ai-

ment qu'avec leurs semblables : ils n'ont
que des infames pour confidens, que
des sacrileges pour conseillers ; & ils
ont en horreur la verité, parce qu'elle
leur reproche leur mépris pour la pudeur. Si ces Messieurs pouvoient toûjours demeurer en cette vie, & leurs
crimes estre cachez à jamais, je ne doute point qu'ils ne fussent assez effrontez
pour en faire gloire.   Mais ils ne peuvent éviter de comparoistre un jour devant ce grand Juge à qui rien ne sçauroit estre caché.   Là ils seront-couverts
de confusion : là il n'y aura plus de
lieu à la repentance ; & là la vertu leur
paroistra si auguste & si éclatante qu'ils
n'oseront pas seulement la regarder,
mais se desespereront de ne l'avoir pas
aimée.

CHAPITRE IX.

Des obligations que nous avons à Dieu.

LORSQUE nous recevons quelque bienfait de ceux que nous n'avons obligez ni par notre affection ni par nos services, nous admirons leur générosité, & croyons leur estre fort redevables. Mais quelle comparaison y a t'il entre cela & ce qu'il a plû à Dieu de faire pour nous, lorsqu'estant morts par le peché, il a envoyé son propre Fils pour nous acquerir une vie nouvelle. Il pouvoit par une seule parole donner la felicité à tous les hommes ; mais pour nous témoigner son amour sans interesser sa justice, il a estimé plus glorieux & plus digne de sa grandeur de nous ouvrir le Ciel par les playes & par les souffrances de son Fils unique, que par quelqu'autre maniere moins penible & moins difficile.

Quel doit estre notre ressentiment d'une si excessive bonté, qui semble nous avoir préferé aux Anges, puisque pour avoir failly une fois ils ont esté punis d'un supplice qui ne finira jamais ; & que nous au contraire , aprés avoir commis mille & mille crimes , ne perdons pas l'esperance d'en obtenir le pardon ?

Aprés cela ne pouvons-nous pas dire que les hommes sont les favoris de Dieu, vû qu'il dit lui-mesme que ses délices sont d'estre avec les enfans des hommes. Il n'a fait le Ciel & la Terre que pour nous ; il nous conserve , il nous protege, & nous donne mesme des Anges pour nous garder & nous garantir des périls qui nous menacent.

D'ailleurs, il a créé l'homme libre, afin que ne pouvant estre contraint, il se porte librement à son action ; car autrement il ne seroit ni digne de punition, quand il se porte au mal , si la necessité l'y engageoit ; ni digne de récompense quand il embrasse le bien, s'il ne pouvoit agir autrement. Cette verité se voit dans les paroles que Dieu prononcera au dernier jour , lorsqu'il dira aux reprouvez : Allez maudits au feu éternel , & le reste ; & aux Elûs : Venez , mes bien-aimez , & le reste. Car n'est-ce pas une preuve que le choix du bien ou du mal aura esté en

notre pouvoir ? C'eſt icy la grande difficulté de l'Ecole pour accorder la liberté du franc - arbitre avec la force de la
grace. Je n'ay jamais eſté ſur les bancs
pour y apprendre & les termes & la di-
verſité des opinions, & les voyes d'accommodement. Mais pour en parler ſelon mon peu de lumiere, je croy que
Dieu par ſon infinie ſageſſe ſçait accorder ces deux choſes ſi contraires en apparence, quoique les hommes ayent de
la peine à les diſcerner : je ſuis ſatisfait ſur ce point quand je conſidere que
moralement parlant, nous ſommes in-
differens au bien & au mal : que nous
embraſſons l'un ou l'autre volontairement & ſans violence ; & que l'élection de ce que je choiſis moy-meſme dé-
pendant de moy, c'eſt une marque certaine de ma liberté.

Je ſçay d'ailleurs & vois ce me ſemble plus clairement que le jour, que
par la corruption de cette liberté je me
porte au mal & non pas au bien ; en
ſorte que mon inclination vicieuſe
jointe au charme des objets ſenſibles,
eſt aſſez forte pour me rendre crimi-
nel, parce qu'eſtant un effet de ma
volonté dépravée, eſclave des ſens &

des paſſions, c'eſt par ma propre volonté que je tombe dans le peché : Il n'en
va pas de meſme en ce qui concerne
la vertu & la recherche des biens é-
ternels par les actions ſaintes que Dieu
nous commande : nous les pouvons
faire ſans doute ſi nous le voulons,
puiſqu'elles nous ſont ordonnées par
une loy qui ne peut eſtre que tres-
juſte : & toutes fois il eſt certain que
nous ne le pouvons ſans l'aſſiſtance de
celuy meſme qui nous le commande. Or
cet aide ne nous eſt donné que par une
pure faveur : & c'eſt pourquoy on l'appelle Grace.

Cette grace change notre volonté,
non pour luy oſter la liberté, mais pour
la rendre plus parfaite & plus capable
du bien. Elle ne la prévient pas ſeulement par des connoiſſances vives & diſ-
tinctes qu'elle luy donne ; mais elle la
pénettre & luy imprime un certain mouvement qui la fait agir & la porte effi-
cacement à faire le bien, quoy qu'avec
beaucoup de ſuavité & une inclination
tres-puiſſante.

Il me ſemble que cette grace qu'on
nomme efficace ſe peut comparer au
feu, puiſque d'un coſté ſa clarté nous

fait difcerner le bien d'avec le mal, &
la beauté de la vertu d'avec la laideur
du vice ; & que de l'autre fa chaleur
enflamme notre volonté & la gagne
doucement & puiffamment par l'objet
faintement aimable qu'elle nous reprefente. Ce m'eft affez de l'entendre ainfi pour m'attribuer mes défauts : pour
faire que je me condamne humblement
moy-mefme, comme eftant la feule caufe de mon crime par le mauvais ufage
que je fais de ma liberté : pour m'obliger d'avoir fans ceffe recours à ce divin
Auteur de la grace, qui peut rendre ma
liberté victorieufe du mal, & efficace
pour pouvoir embraffer le bien, afin que
me portant à le faire, il couronne en
moy fes propres dons d'une récompenfe
éternelle.

Voila, felon ce que j'en puis juger,
l'effet de la grace que Dieu nous donne pour pratiquer la vertu, & pour
perfeverer dans le bien. Mais il ne la
donne qu'aux ames qui font difpofées
à la recevoir, & qui par la connoiffance
du merite infini d'où elle procede, la
defirent de tout leur cœur ; ce que
néanmoins elles ne font jamais fans fon
affiftance ; parce que c'eft fon efprit

qui forme en nous les saints defirs auffi
bien que les faintes actions : Et ainfi
le libre arbitre n'eft point détruit, mais
fortifié & perfectionné, ce qui doit obliger l'homme d'aimer fon maiftre & fon
Dieu, qui eft fi fouverainement aimable,
& à qui il a des obligations infinies. Ser-
vons-le donc librement & franchement :
n'ufons de tous les biens qu'il nous donne que pour luy en faire des facrifices : &
comme le matin, le foir, & durant tous
les momens de la journée, nous fommes
expofez à divers malheurs, dont nous ne
pouvons eftre garantis que par fon fecours, demandons-luy continuellement
& avec une humble confiance, cette
grace qui nous eft fi neceffaire, que nous
ne fçaurions fans elle rien faire de bon ;
& prions-le que pour affurer notre falut,
il y joigne celle d'une fainte perfeveran-
ce.

CHAPITRE X.

Dieu est admirable jusques dans les moindres de ses ouvrages.

LEs œuvres de Dieu sont si parfai-tes, que les moindres combattent d'excellence avec les plus accomplies; & il n'y en a point qui ne nous doivent porter à de saintes meditations, & nous faire dire avec saint Paul : O profondeur des incomprehensibles richesses de Dieu ! L'odeur des fleurs qui parfument l'air, la varieté de leurs couleurs qui forment un émail inimitable, & ces proportions si justement observées dans leurs nuan-ces qui réjoüissent & contentent l'es-prit de l'homme, n'ont-ils pas fait dire à notre Seigneur, que Salomon avec tou-te sa gloire n'estoit pas si paré que l'est un lys ?

Un Moucheron n'est-il pas encore plus admirable qu'un Elephan, d'avoir ainsi dans sa petitesse tout ce que l'au-tre a dans sa grandeur, & d'estre aussi parfait en son estre ? Quel autre qu'un

Dieu pourroit affembler ces petites pieces, & en faire un corps organifé pour
loger une ame dans ce qu'on peut dire
n'eftre qu'un point ?

L'oifeau n'eft pas moins merveilleux
par fa legereté , par l'affortiffement de
fes plumes, par fes couleurs changeantes
& bigarrées, par la forme de fon corps,
de fes pieds, de fon bec, de fes yeux,
& par la ftructure incomparable de
ces petites maifons qu'il fçait faire avec
tant d'art pour y loger fes petits, &
conferver fon efpece en les y faifant é-
clore.

Je ne finirois jamais, & il faudroit
reprefenter toute la nature, pour faire
voir combien Dieu eft admirable en tous
fes ouvrages. Notre étude doit donc
eftre de les étudier, afin de remonter par
cette connoiffance des effets, à la caufe
qui les produit, & confiderer que puifque fa bonté eft égale à fa puiffance,
nous ne fçaurions trop l'aimer, ainfi que
nous ne fçaurions trop l'admirer ny le
craindre.

CHAP.

avec les agitations violentes de ceux qui
fe laiffent aller à leurs paffions , vous
trouverez que c'eft une image de l'heureux eftat de l'homme avant fa chûte,
& de l'eftat malheureux où le peché l'a
réduit. Depuis ce déplorable changement on ne voit qu'inconftance dans le
monde : ce que nous voulions hier,
nous ne le voulons plus aujourd'huy :
chaque heure produit en nous de nouvelles fantaifies : telles que des vaiffeaux fur la mer, lorfque nous paroif-
fons eftre dans le calme, il s'éleve tout
d'un coup une tempefte qui nous emporte
au gré du vent de nos paffions fans plus
tenir aucune route.

C'eft pourquoy celuy qui fe leve le
matin a bien raifon de fe recommander
à Dieu, puifqu'il ne fçait ce qui luy doit
arriver durant le jour : & tandis qu'il
fuivra le train du monde & s'expofera
au hazard de la fortune, il fera toûjours
miferable.

Mais voulez-vous fçavoir ce que vous
devez fuivre ou rechercher pour n'eftre
point fujet à l'inconftance des chofes
humaines, jettez les yeux deffus le fouverain bien : propofez-vous une forme
de vie capable de l'acquerir avec la grace

D

de Dieu; & conformez-y toutes les actions de notre vie. Un Ingénieur ne viendroit jamais à bout d'une fortification, s'il n'en avoit le plan dans l'esprit : un Peintre mêleroit en vain des couleurs, s'il ne sçavoit ce qu'il doit représenter : & le Pilote auroit en vain les vents favorables, s'il ignoroit la route qu'il doit tenir. De mesme si nous voulons que nos desseins réüssissent, il faut qu'ils ayent un but : Et cela estant ainsi, je m'asseure que tous les Sages avoüeront que la fin que nous nous devons proposer doit estre le Ciel.

CHAPITRE XVIII.

Les choses qui ont esté en usage, y reviennent par un mouvement circulaire.

IL y a maintenant très-peu de choses rares & singulieres qui n'ayent esté autrefois & rares & singulieres ; c'est à dire qu'il n'y a presque rien de nouveau sous le soleil. Car si nous pouvions voir tout ce qui s'est passé dans le monde,

& tout ce que la nature produit sans
cesse, nous y remarquerions une révolution continuelle, & nous trouverions que
les choses ne sont nouvelles que dans notre imagination.

Or quoy que .cela soit veritable, nous
ne pourrions l'assurer sans passer pour
téméraires, si la vérité mesme ne l'assu-
roit, puisque n'ayant pas veu tous les
autres siecles, nous ne pourrions faire
ce jugement qu'au hazard. Car quand
nous sçaurions ce que les plus sçavans
peuvent sçavoir de ce qui est arrivé
depuis Adam, que seroit.ce que cela en
comparaison de ce que nous ignorons ?
Et ainsi nous ne pouvons avoir qu'une
fausse image des choses.

Entretenez un vieillard sur ce sujet,
il vous dira que tout ce qu'il y avoit de
bon dans le monde s'est écoulé avec
ses années : il se plaint du present ; il
rejette le passé ; & il asseure qu'il n'y
a plus rien de semblable à ce qui se
voyoit lors de sa jeunesse. Le sang
glacé dans ses veines & son temperament froit & sec , luy font voir le
monde tout autre qu'il ne luy parois-
soit dans ses premieres années ; ainsi
qu'un verre peint nous represente les

D ij

objets d'une autre couleur qu'ils ne
font.

Il en eft de mefme de nos modes, qui
ne font nouvelles que felon notre op-
pinion : car celles que nous voyons aujourd'huy ont déja efté , & comme elles font revenuës , les autres chofes
reviendront auffi. L'une pouffe l'autre,
& toutes enfemble font un cercle
dont le mouvement continuel ne finira qu'avec le monde. Le Tailleur re-
tranche bien quelque chofe du paffé,
& ajoûte quelque chofe au prefent
pour donner à l'habit une forme que
l'on appelle nouvelle : mais il ne fait
rien en cela qui n'ait efté déja fait ; &
nous pouvons dire la mefme chofe de tout
le refte.

Les paffions ne font pas autres qu'elles eftoient. On a toûjours veu dans le
grand tableau du monde , de l'ambition, de la guerre, & de l'amour : on
a toûjours veu des hommes qui ont
tout donné à cette derniere paffion,
fans épargner mefme pour cela la tra-
hifon & la cruâuté ; & d'autres qui
bien qu'en eftant fort touchez , ne fe
font point oubliez de leur devoir , &
ne font pas tombez de la fiévre dans

la frenefie. Mais cela mefme ne fe voit-
il pas encore tous les jours ? Et ainfi
l'amour comme les autres paffions de
l'ame, fait fon cercle & reprend toûjours la mefme route. Que fi on me
blâme de ce que faifant le reformateur
& l'homme de bien , je parle fouvent
de l'amour dans cet Ouvrage , fans
confiderer que l'on ne fçauroit eftre trop
circonfpect en une matiere fi dangereu-
fe ; il me femble que c'eft me traiter
trop feverement, puifque je le condamne toûjours quand il eft mauvais , &
je ne l'approuve jamais s'il n'eft honnefte. Je n'ignore pas que l'amour im-
pur , outre plufieurs défauts qui l'accompagnent, eft une paffion d'efclave,
& par conféquent indigne d'un homme
d'honneur : & je ne fçaurois ne le pas
haïr, quand il n'y en auroit point d'autre raifon que de ce qu'il amollit tellement l'efprit, affoiblit le courage des
plus grands hommes, & produit les effets du monde les plus funeftes & les
plus tragiques.

Les exemples en font en fi grand
nombre dans tous les fiecles , qu'il feroit inutile d'en rapporter. Mais fans
s'éloigner du noftre, vous ne trouverez

dans noſtre Hiſtoire que duels , que
meurtres , que cruautez dont l'amour a
eſté la cauſe. Vous y verrez , pour en
alleguer au moins un exemple , que pour
l'amour d'une femme , l'Angleterre a
ſecoüé le joug de la Foy , & que tout
ce grand Royaume s'eſt éloigné du reſpect & de l'obéïſſance qu'il devoit à
l'Egliſe , & à celuy qui en eſt le chef
ſur la terre. Ce qui nous fait connoiſtre d'un coſté , que l'amour avec tous
ces effets eſt dans une révolution continuelle : & de l'autre que c'eſt l'origine de mille maux. Voila le ſentiment
que j'en ay , & le jugement qu'il me
ſemble que tout le monde en doit faire.
Mais de le condamner quand il eſt hon-
neſte , & qui n'a pour but que le Mariage , ce ſeroit à mon avis meriter moy-
meſme qu'on me condamnaſt d'une ſé-
vérité trop rigoureuſe.

Or comme il paroiſt par ce que j'ay
dit , que toutes les choſes d'icy-bas ſont
dans un mouvement continuel , il ne
faut pas s'étonner ſi les meſmes vices
qui ſe ſont veus dans les ſiecles précé-
dens ſe voyent encore en celuy-cy , &
ſi la pluſpart du monde auſſi bien qu'a-
lors , ne tient compte de la vertu,

Quand une bonne femme chargée d'années voit la guerre & la misere par tout,
elle ne manque pas de dire que le Jugement approche, sans considerer que
cela n'est pas nouveau, mais que tous
les regnes ont produit des malheurs semblables. Ne sont-ce pas les mesmes
desordres que nous voyons presente-
ment, qui sont arrivez dés le temps de
S. Ambroise, & qui luy ont fait croire
que la fin du monde s'approchoit ? On
a toûjours veu des inimitiez publiques ;
il y a toûjours eu des tempestes sur la
mer, & des orages sur la terre : les
vents ont toûjours agité l'une, & les
tremblement ébranlé l'autre.

Enfin, nous pouvons conclure qu'il
n'y a rien de nouveau ; mais que le monde estant un cercle qui tourne toûjours,
il fait voir divers fois les mesmes objets. C'est pourquoy au lieu d'y trouver
à redire, accusons notre ignorance & nos
chagrins, & non pas la décadence &
l'alteration des choses que nous ne connoissons pas, & prions Dieu qu'il nous
fasse la grace de rouler si réglement & si
justement dans ce grand cercle, dont le
mouvement est inséparable, que lors
que nous en sortirons par la mort, nous

arrivions heureusement dans notre veritable patrie, où nous reposerons éternellement.

CHAPITRE XIX.

Le présent ne contente personne.

QUELQUE heureux & quelque moderé qu'un homme soit, s'il veut dire la verité, il avouera que le present ne le contente pas entierement, parce qu'il est tres-difficile que quelque chose ne manque à sa satisfaction, ce qui fait que presque tout le monde met son repos dans l'esperance de l'avenir. Une belle action que l'on aura faite dans la guerre, donne d'ordinaire plus de plaisir à y repenser que l'on n'en a eu en la faisant. Et on ne goûte pas pluftost un plaisir, que de nouveaux desirs prennent sa place. On s'ennuye de tout, & l'on est souvent contraint de rappeller la memoire des choses passées pour se délivrer d'un chagrin present. On quitte la ville avec joye pour aller à la campagne : Au bout de quelques jours on a de l'impatience de retourner à la Ville ; & à peine possede-t'on une Charge que l'on a recherchée avec passion, que l'on en souhaite une autre.

Ainsi on ne considere point le present ; & s'il s'en rencontre quelques-uns à qui leurs desseins réüssissent, la brieveté de leur vie fait que leur joye se change en douleur & devient le sujet de leurs plaintes aux approches de la mort , parce que l'homme dans sa prosperité ne songe point à ce qui la peut troubler, mais il se repaist de ce bonheur imaginaire ; de mesme que sans rien craindre un oyseau vôle autour des piéges, un poisson nâge dans les filets, & une beste sauvage se promene dans les toiles qui luy sont tenduës. L'une des plus grandes ruses de ce Prince des tenebres, notre plus grand ennemi, est de nous oster l'apprehension de cette derniere heure qui nous est inévitable. Mais quand nos soins pour les choses de la terre succederoient selon nos souhaits, à quoy se termineroient-ils ? Et que nous reviendroit il enfin d'avoir employé tant de temps, & travaillé avec tant de peine & d'inquiétude

D v

pour amaſſer des biens periſſables ?

Le ſouverain bien eſt ſeul capable de nous donner une parfaite ſatisfaction. Mais comment peut-on la poſſeder que très-imparfaitement en ce monde ? Je cherche depuis que je me connois des hommes tranquilles, exempts de toute ſorte d'ambition, & pleinement contens de leur fortune ; mais à peine en ay-je trouvé meſme dans les Cloiſtres : & il ſemble que Dieu le permette ainſi, pour nous apprendre que luy ſeul eſt capable de nous remplir, & de nous rendre veritablement heureux.

Mépriſons donc ce qui eſt ſujet aux viciſſitudes du temps, & adorons cette ſuprême Providence qui a meſlé pour notre bien tant d'amertume dans les douceurs de la terre, afin de nous donner de l'indifference pour toutes les joyes qui ne ſont que paſſageres, & nous obliger à ſoûpirer pour les felicitez du Ciel qui ſont éternelles.

CHAPITRE XX.

Le souverain bien ne consiste pas en la posses-
sion des choses de la terre.

TOus les hommes devroient travailler incessamment à la connoissance de ce souverain bien, pour la
joüissance duquel Dieu les a créez, &
considerer autant qu'ils le peuvent les
merveilles de la nature, pour arriver
comme par degrez à cette connoissance
qui leur est si nécessaire. Cependant ils
n'y pensent presque jamais, & la pluspart
s'imaginent que c'est icy-bas que ce souverain bien se rencontre.

N'est-ce pas prendre plaisir à se tromper ; car puisqu'il faut que l'ame soit
parfaitement tranquille pour estre parfaitement contente, n'éprouvons-nous
pas par nos continuelles agitations qu'-
elle ne l'est jamais en cette vie ? Celuy
qui met son affection dans les biens
perissables de la terre, s'engage dans
une continuelle nécessité de desirer &
de craindre, parce qu'il est toûjours

D vj

ou dans le defir d'en acquerir de nouveaux, ou dans la crainte de perdre ceux
qu'il poffede : & par conféquent l'avare
auffi bien que l'ambitieux eft dans un
aveuglement étrange, s'il croit que la
poffeffion d'un bien fi mal affeuré le
mette dans un veritable repos.

Les felicitez de ce monde font des
felicitez incertaines & defectueufes : &
c'eft pourquoy la plufpart de ceux qui
en joüiffent fe plaignent de leur condition, ne pouvant ni la fouffrir ni la
quitter ; ils ne peuvent vivre avec joye,
& ils apprehendent de mourir. Ainfi
nous devons admirer la bonté de Dieu
envers nous, en ce que n'ayant pas
enfermé dans les biens qui ne regardent que le corps, le plus grand bonheur des hommes, il leur fait connoiftre par là qu'ils ne doivent pas s'attacher aux chofes materielles, & que
le véritable bien eftant tout fpirituel, il
ne fe rencontre que dans les richeffes de
l'ame.

Montrez-moy un feul homme qui ait
efté entierement content des honneurs,
des plaifirs, & des richeffes qu'il a pof-
fedez en cette vie, fans que nulle tra-
verfe l'ait jamais inquiété ; & je croi-

ray qu'on peut eftre heureux icy-bas.
Mais cette exemple ne s'eft point encore
veu, & ne fe vera jamais. Tous les hommes comme des beftes affamées avalent
les prefens de la fortune, mais ne s'en
raffafient point : ce n'eft pas eftre riche
que d'avoir beaucoup ; & c'eft l'eftre
de ne manquer de rien. Cela eftant, où
trouverez vous un homme qui n'ait
point befoin de quelque chofe, mais qui
ait tout ce que fon avarice, ou fon
ambition, ou fes plaifirs luy font fou-
haiter ?

Les plus grands font en cela les plus
miferables & les plus néceffiteux, parce
qu'avec tout ce qu'ils poffedent ils ont
encore moins que les autres à caufe qu'-
ils en defirent davantage. Ajoûtez que
pour eftre heureux, il faut eftre libre &
ne rien craindre : & les favoris de la fortune font toûjours efclaves, parce qu'-
outre qu'ils dépendent d'une puiffance
fuperieure, ils font fans ceffe perfecu-
tez de la crainte de la mort. Il en eft
de ces perfonnes comme de ceux qui
ont fait quelque butin dans un païs ennemy ; ils font toûjours en allarme &
tournent la tefte du cofté qu'ils enten-
dent le moindre bruit.

On n'est pas heureux pour posseder beaucoup de richesses, ni mesme pour en sçavoir bien user : il en faut chercher d'autres qui sont les biens de la grace dont la source est dans le Ciel. Ces biens sont les seuls veritables biens, parce qu'ils remplissent de telle sorte tous nos desirs, qu'ils ne leur permettent pas de passer outre : ces biens ne perissent point, parce qu'estans au dessus du temps & de la fortune, la mort ne sçauroit nous les ravir : & enfin ces biens rendent heureux ceux qui les possedent, parce qu'ils sont assurez que demeurans fideles à Dieu, ils ne cesseront jamais de les posseder.

Que ceux-là donc qui aspirent à estre heureux, n'en cherchent point d'autres, puisqu'ayans esté créez pour en joüir, c'est contre l'intention de leur Createur & contre la fin de leur création, qu'ils courent aprés ceux de la terre. Il n'y a point d'homme si ignorant qui ne sçache que ce n'est point icy sa veritable patrie, & par conséquent nous aurions grand tort de nous y vouloir toûjours arrester, quand mesme nous le pourrions.

CHAPITRE XXI.

Des fausses Richesses, & de l'Avarice.

SALOMON a esté dans un sentiment si raisonnable & si sage touchant les richesses de ce monde, que nous devons nous y conformer. Car il prie Dieu de ne luy pas donner de grands biens, mais de luy accorder seulement ceux qui luy estoient nécessaires, afin de posseder son ame en repos. Lorsqu'il fit cette demande il estoit bien avec Dieu, & par conséquent il ne manquoit pas de lumiere pour connoistre le bien & le mal. Ainsi le choix qu'il faisoit estoit un choix fort judicieux. Il sçavoit les malheurs dont les excessives richesses sont accompagnées : & c'est ce qui le portoit à vouloir éviter la malediction, qui en est comme inséparable.

En effet, c'est dans la mediocrité que le bonheur se rencontre ; c'est où la vertu se plaist ; c'est ce qui a fait dire aux Philosophes que les extrémitez

font toûjours mauvaifes. Si pour poffeder des Provinces & avoir des cabinets pleins de toutes fortes de richeffes,
on en eftoit plus fain , plus heureux,
& plus exempt des infortunes du monde, j'avouë que je n'aurois rien à dire.
Mais quand je voy ces riches avares,
inquiétez & tourmentez de mille chagrins , accablez de gouttes , de coliques
& d'autres maux infupportables , & n'a-
voir d'autres penfées, au milieu de tant
d'incomoditez , que la confervation de
leurs tréfors ; comment pourrois-je
ne point déplorer un fi grand aveuglement?

Il me fouvient d'avoir autrefois leû
dans Plutarque, que dés le commencement du monde l'or & l'argent ont efté
enfermez dans les entrailles de la terre,
& que comme leur nature eft d'eftre
cachez , ils communiquent à l'homme
ce defir de les cacher , parce que ce
métail eftant pefant il tire toûjours vers
fon centre. Qu'ainfi comme on fe tranf-
forme aifément en ce que l'on aime , il
ne faut pas s'étonner fi l'avare a la même inclination , & fi au lieu de s'élever vers le Ciel il panche toûjours vers
la terre. Il ajoûte que l'or pâlit de voir

le jour, ou plûtoſt de la crainte que l'amour que les hommes ont pour luy ne ſe convertiſſe en haine par la connoiſſance du déſordre & du mal qu'il leur cauſe & qu'il leur apporte.

Il eſt donc vray que les richeſſes ſont une ſource de mille maux, & comme la pierre d'achopement qui fait tomber ceux qui les cherchent avec tant d'ardeur. Les hommes par leur naturel ne s'attachent d'ordinaire qu'à ce qui eſt corruptible. S'ils font quelque action qui regardent leur ſalut, c'eſt ſi froidement qu'il paroiſt aſſez qu'il ne les touche preſque pas : & le plus ſouvent c'eſt le temps ou la coûtume, ou quelqu'autre occaſion qui les y porte, plûtoſt que le reſpect de Dieu, ou le deſir de faire quelque choſe qui luy plaiſe.

C'eſt particulierement une merveille de voir dans la Cour un homme liberal, exempt d'intéreſt, & qui penſe ſerieuſement à ſon ſalut. D'où vient qu'ils tombent dans des accidens, qui lorſque j'y fais réfléxion, me paroiſſent eſtre un effet de la Juſtice de Dieu.

Que l'avare ſe flatte tant qu'il luy plaira ; il eſt vray néanmoins que le malheur & l'ennuy ſe trouvent dans

les richesses. Le poison ne se conserve
si bien dans nulle autre chose que dans
l'or : & comme on cherche les bestes
sauvages dans les forests , les monstres
dans la mer, & tous les instrumens de
la mort dans les boutiques des artisans;
il faut aussi chercher le chagrin & les
tourmens de l'esprit, ou dans l'amas des
richesses , ou dans le soin violent de les
conserver.

Nous voyons des hommes si misé-
rables qu'ils n'osent disposer d'un écu,
quoy qu'ils en ayent des coffres tous
pleins ; & je connois une homme de
condition qui possede des biens sans
nombre ; & n'a pourtant jamais esté riche, parce qu'il n'en a jamais jouy. Ce
qui me fait dire que le riche avare est
également inutile aux autres & à soy-
mesme, & qu'on le peut comparer à un
pourceau qui n'apporte nul profit qu'a-
prés sa mort.

Celuy qui est possedé de cette dange-
reuse & si basse passion, est également
malheureux, soit qu'il perde ses richesses , ou qu'il les conserve, puisque l'un
le réduit au desespoir, & l'autre le
rend esclave ; pouvant dire avec verité qu'elles le possedent plustost qu'il ne

les poffede, & que ce font des chaifnes pour luy pluftoft que des biens.

L'or peut bien remplir des coffres, mais non pas le cœur ; alterer la fanté, mais non pas la conferver ; & caufer la foif de l'avarice , mais non pas l'éteindre. L'Ecriture-Sainte a donc raifon de comparer la vie des riches au fommeil, parce qu'au moment de leur mort ils fe trouveront avoir les mains auffi vuides que ceux qui ayant fongé qu'ils font fort riches, fe trouvent à leur réveil auffi pauvres qu'ils eftoient en fe couchant. Mais quand mefme leurs richeffes les fuivroient en l'autre vie , dequoy leur ferviroient-elles, dit la mefme Ecriture , au jour des vengeances du Seigneur ?

CHAPITRE XXII.

De l'Epargne.

JE ne comprens pas cet empreſſement ſi violent, que la pluſpart des hommes ont aujourd'huy pour le ménage & pour l'épargne. Je hay cette crainte impertinente de mourir de faim, qui nous ſollicite de nous retrancher de jour en jour avant que la pauvreté nous attaque, ou meſme que nous en ſoyons menacez. Je ne puis que je ne condamne cette apprehenſion fantaſtique qui nous met dans une inquiétude continuelle, lorſque les affaires de notre maiſon ne ſont pas en fort bon état.

Je ſçay que la maxime la plus eſſentielle de l'œconomie eſt de regler ſa dépenſe ſur ſon revenu ; cela n'eſt pas déraiſonnable. Je ſçay auſſi que les plus grandes maiſons ſe ruinent ſans cette conduite : mais d'avoir deſſein d'amaſſer continuellement, & par un épargne ſordide ſouffrir ſans ceſſe pour s'enrichir, c'eſt ce que je ne ſçaurois con-

cevoir. Car comme ce n'eſt ni l'occupation ny la fin principale d'une ame
noble, dont l'objet doit eſtre plus relevé
& plus ſolide, ces trop bons ménagers me
pardonneront ſi je blâme leur empreſſement.

J'en voy qui s'attachent ſi fort à ces
penſées & à ces ſoins d'épargner, qu'ils
y mettent toute leur occupation. Ils ne
ſont en repos que quand ils dorment.
Cette ſorte de vie leur fournit continuellement tant de ſujets de trouble
& d'inquiétude, qu'ils ſont toûjours
environnez & comme piquez de mille
épines domeſtiques : & leur eſprit en
eſt tellement rempli, qu'ils ne ſe donnent pas le temps de faire la moindre
réfléxion, pour conſiderer combien cet
amas d'un peu de bien eſt une choſe mépriſable.

Je n'ignore pas qu'il eſt juſte de con-
ſerver ce qui eſt à ſoy ; mais quand les
loix du Chriſtianiſme ne nous oblige-
roient pas à n'avoir en cela ny empreſſement ny attache, la ſeule raiſon devroit eſtre capable de nous y porter. Le
vice & la vertu ne conſiſtent pas tant
dans les choſes que dans la maniere
d'en uſer ; & un homme n'eſt pas eſti-

mable ou méprisable pour avoir ou n'a-
voir pas de l'argent, mais le sçavoir
bien ou mal employer s'il en a ; ou bien
ou mal supporter s'il n'en a point.

Les maux que causent les richesses
sont si grands, & en si grand nombre, &
si connus de tout le monde, qu'il seroit
inutile de m'arrester à les representer
icy en particulier : je me contenteray de
dire, que ceux qui amassent tant de
biens par leur épargne, au lieu d'estre
riches & heureux, sont pauvres & malheureux, puisqu'ils ne les amassent que
pour leur condamnation, & qu'ils se
trouveront à l'heure de la mort plus
miserables qu'on ne sçauroit dire, parce qu'ils n'auront point fait de bonnes
œuvres.

L'Avare n'est jamais en repos ; car
outre l'inquiétude & la peine que cause
cet infâme desir d'épargner, il arrive cent
accidens qui luy causent de la perte.
Outre cela sa défiance fait naistre l'envie
de le dérober ; & comme le demon est
toûjours de la partie, il donne pour cela
mille inventions : au lieu que la confiance
gagne le cœur des plus mal intentionnez,
& les oblige à estre fideles.

La seule raison n'enseigne-t'elle pas

à méprifer les richeffes & les autres chofes méprifables ? C'eft manquer de jugement que d'eftimer les biens de cette vie
plus qu'ils ne valent, & ne les difcerner
pas d'avec ceux qui nous font promis
en l'autre, c'eft à dire de ne preferer pas
un diamant à un méchant morceau de
verre.

Ce n'eft pas que je condamne tous
ceux qni apprehendent la pauvreté. Mais
ce fera la benediction de Dieu, & non pas
nos inquietudes qui nous la fera éviter
fans bleffer notre confcience, Il faut donc
ne rien négliger de ce que l'on doit, puis
s'en rapporter à fa providence & s'y foû-
mettre. Notre grand mal en cela vient
de ce que nous comparons toûjours notre fortune à celles qui font plus élevées;
ce qui eft comme un aiguillon qui nous
pique, & nous pouffe dans le précipice.
Ne vaudroit-il pas mieux au contraire
fe mefurer à ceux qui font au deffous
de nous, & confiderer qu'il n'y a point
d'homme fi malheureux qui ne trouve mille exemples capables de le confo-
ler.

Il faut donc fe fervir des biens comme on fe fert des chevaux de pofte,
feulement pour paffer chemin, fans fe

foucier de ce qu'ils deviendront quand
nous n'en aurons plus de befoin, ou
comme l'on fait des plaifirs d'une maifon étrangere, de l'entretennement de
laquelle on ne fe met point en peine.
Il faut tafcher d'avoir chez foy la mefme
indifference qu'on a chez autruy ; fi
des valets fe querellent, fi des verres fe
caffent, ou fi quelque chofe fe renverfe,
au lieu de s'en émouvoir, on n'en fait que
rire.

Le principal ufage des biens eft de
les dépenfer honneftement. L'Ecriture-
Sainte dit que l'on ne le peut felon fa
condition : mais on ne fçauroit manquer
d'en donner aux pauvres fans manquer
à ce qu'elle nous commande. Le ménage
mefme le plus honnefte eft plus propre
aux femmes que non pas aux hommes,
qui doivent s'occuper à des chofes plus
importantes.

Que fi eftant retiré du fervice du
public & réduit à mener une vie pri-
vée, vous vous fentez avoir de l'inclination pour le ménage : employez-la à
ménager, non pas tant votre bien que
votre temps , & paffez les meilleures
heures de votre vie à compter, non pas
tant vos écus que vos pechez , & les
obligations

CHAPITRE XI.

Que tous les objets nous portent à la connois-
sance des choses Divines.

LE Ciel & la Terre ont esté créez pour l'homme, & sont nécessaires à notre vie; la Terre nous porte & nous nourrit; sans l'air nous ne pourrions respirer; les astres nous favorisent par leurs influences & par leur lumiere : & la chaleur du Soleil contribuë particulierement à notre naissance & à l'entretien de notre vie.

Quoique la révolte ait esté generale aprés le peché, & qu'il semble que toutes choses se soient retirées de l'obéissance dûë à l'homme, nous ne laissons pas néanmoins de voir que les créatures suivent l'ordre de leur premiere création. La seule consideration d'un arbre, d'une fleur, d'un oiseau, doit élever nos esprits vers leur principe, & les porter à la connoissance d'un Dieu. Lorsqu'une excellente musique nous ravit, cet admirable assem-

C

blage de differens tons peut nous faire
juger qu'il y a dans le Ciel une harmonie beaucoup plus charmante : &
ainſi du reſte.

Toutes les choſes que nous voyons
icy-bas, ne ſont que des images &
comme des ébauches de celles qui ſont
au deſſus de nous. Les beautez de la
nature ſont des portraits de la beauté
éternelle , mais des portraits propor-
tionnez à nos ſens , & qui doivent exciter notre ame au deſir d'en voir quelque jour l'original. Tout parle à la
creature de la verité de ſon Createur, &
nous ne connoiſſons rien en nous ni
hors de nous qui ne nous aſſure qu'il
eſt.

Si nous n'eſtions point ſi proche de
nous-meſmes , nous ſerions ſans doute
mieux informez non-ſeulement de la
connoiſſance du ſouverain eſtre , mais
auſſi de notre propre condition : nous
verrions que l'homme eſt un chef-
d'œuvre de la main de Dieu , qui a
renfermé dans luy tout ce qu'il y a de
plus parfait dans toutes les autres creatures. Mais comme il doit y avoir quelque eſpace entre l'objet & notre œil ,
afin que l'air illuminé , qui en eſt le

milieu, fortifie par sa distance la vertu de l'œil ; il est impossible aussi que notre ame estant si proche de soy-même par son amour propre , elle découvre la perfection qui luy a esté donnée par cette Essence suprême qui doit estre son modele , ainsi qu'elle est son principe.

Dieu est par tout par sa puissance & par sa bonté, & il se presente aux hommes pour leur bien , sous mille differentes formes. Quand le Soleil est clair, & l'air sans nuages , cela marque que le Soleil de Justice a un temps de douceur , qui est celuy de sa misericorde pour les pecheurs qui font penitence : au contraire les tempestes & les orages sont des figures du courroux du Maistre. Et comme le trouble des élemens n'est causé que par l'abondance des vapeurs & des exhalaisons qui s'élevent de la terre : ainsi l'indignation de Dieu ne procede que de la multitude des pechez des hommes.

Que si un Prédicateur vous prêche, & si j'écris ces veritez avec la simplicité d'un homme qui n'a point d'etude, ce seront autant de témoignages contre ceux qui n'en feront pas leur profit, puifqu'au jour du Jugement toutes les plumes, toutes les langues, & tous les autres objets nous feront reprefentez pour notre condamnation, fi nous en avons abufé. Ce grand Souverain, qui a tout créé pour fa gloire, & qui veut que l'homme luy rende de bon cœur fes hommages, a difpofé tout ce qu'il y a fous le Ciel pour émouvoir notre zele, & fortifier en nous ce defir. C'eft pour cela que les arbres parlent, que les élemens font éloquens, & que les aftres difent merveilles ; mais cette fin, qu'il y a des chofes dans la nature que l'on ne peut concevoir, & des fympathies & des antipathies qui forment cet admirable compofé qui fubfifte par fes contraires.

Il n'eft pas difficile d'ajoûter foy au langage muet de tous ces objets, lorf-que l'on renonce au pacte que la vo-lupté fait avec les demons, qui par une entreprife criminelle fe fervent de ces mefmes objets pour offufquer les yeux de notre ame, & aveugler notre jugement. Mais faifons un genereux effort, pour élever notre efprit jufqu'où il eft capable de penetrer, & fervons-nous de ces connoiffances, pour eftre

bien perſuadez que comme le pouvoir
de Dieu eſt ſans limites, ſes perfections
n'ont point de bornes.

CHAPITRE XII.

Peu de perſonnes font reflexion ſur ce qu'ils
voyent, pour penſer à Dieu.

Quiconque voudra dire la verité,
me confeſſera que tres - ſouvent
ſon admiration s'eſt attachée à l'objet
qu'il conſideroit ſans paſſer à ſon auteur. Cependant il eſt certain que ſi
l'ouvrage merite d'eſtre admiré, celuy
qui l'a fait merite de l'eſtre beaucoup
davantage : Et cela eſtant, n'y a-t'il
pas ſujet de s'étonner de ce que la plûpart des hommes prennent plaiſir à conſiderer le Ciel, dont la hauteur eſt ſur-
prenante, l'étenduë preſque infinie, &
la matiere imperceptible à conſiderer ?
La terre qui eſtant ſuſpenduë au milieu
des airs, eſt affermie ſur ſon propre
poids ; à conſiderer le Soleil, dont les
rayons forment les métaux & rendent
la terre feconde ; à conſiderer la mer qui

dans ſa fureur ſemble devoir engloutir
toute la terre ; à conſiderer la varieté
des autres parties preſque innombrables
qui compoſent ce grand tout de l'Univers ; à conſiderer la difference des eſprits, des humeurs, & des viſages ; l'i-
négalité & la convenance des paſſions,
la ſympathie & l'antipathie des animaux ; & enfin à conſiderer mille autres
objets, qui devroient à tous momens
élever leurs eſprits à la contemplation
de ce divin Architecte qu'ils ont pour
principe.

Cependant peu de perſonnes tournent les yeux vers Dieu pour l'admirer
comme l'auteur de tant de merveilles.
Leur veuë ſemble eſtre ſi courte, qu'elle
ne peut s'étendre au delà des choſes vi-
ſibles ; & ils n'ont que des yeux corpo-
rels, & ne ſe laiſſent conduire que par
les ſens. Etrange & brutale ſtupidité, qui
fait voir que cet amour propre qui remplit leur cœur, aveugle leur entende-
dement, & les empeſche d'appronfondir
les myſteres qui ſont cachez ſous ces apparences exterieures !

Ainſi la pluſpart des hommes penſent auſſi peu au Paradis que ſi ce n'é-
toit qu'une choſe fantaſtique. La mort

mesme, quoy qu'elle arrive en tous les temps, à toutes les heures, & lorsque nous y penfons le moins, ne leur occupe non plus l'efprit quand ils font en pleine fanté, que fi ce n'eftoit qu'une chimere. Les difcours que l'on en fait leur paroiffent ridicules, comme s'ils n'eftoient pas du nombre de ceux fur lefquels certainement elle exercera fon pouvoir ; quoy qu'ils voyent tous les jours porter en terre leurs amis & leurs ennemis, un objet fi effroyable n'a pas la force de faire dans leurs efprits l'impreffion que la raifon feule y devroit faire.

Il n'y a que trop d'autres fujets de s'étonner de la négligence des hommes à élever leurs penfées à Dieu par la confideration des chofes temporelles & periffables. Je voy dans la Cour prefque autant de perfonnes qu'il y en a qui la compofent, qui pafferoient milles années, s'ils le pouvoient, à fuivre toûjours un mefme train ; à donner leur liberté pour de vaines efperances ; à eftre captifs des Grands ; & à demeurer efclaves du vice. Ne devroient-ils pas fonger au contraire, que puifque les Rois ne nous eftant venerables & redouta-

C iiij

bles qu'à cause qu'ils sont l'image de
Dieu , nous devons aimer & honorer
Dieu sur toutes choses , & croire que
les moindres de ses faveurs sont préfé-
rables aux plus grandes fortunes de la
terre ? Mais au lieu de s'entretenir de
ces pensées, quelles actions de grace la
plufpart luy rendent-ils le matin de les
avoir confervez la nuit ? Quel recours
ont-ils durant le jour à son affiftance ?
Et quelle priere luy font-ils le foir pour
luy demander pardon de leurs fautes, &
pour implorer fa grace ? Toutes leurs
journées font employées à des occupations purement payennes , fans parler
des criminelles : & leur irreverence fa-
crilege durant la Meffe , fait qu'il n'y
aura point d'heures dont ils rendront un
compte fi rigoureux que de celles qu'ils
paffent à l'Eglife.

　Voila comment vit la plufpart du
monde. On ne penfe ny à l'Auteur de
la vie , ny à ce que l'on deviendra aprés
qu'elle fera terminée , parce que c'eft
une chofe qui eft trop commune. Et
ainfi periffent pour jamais ceux qui en
oubliant le Createur, ne s'attachent qu'-
aux creatures.

CHAPITRE XIII.

De la connoiſſance de Dieu par la voye des creatures.

R I E N ne m'étonne tant dans le monde que cette méconnoiſſance envers Dieu, que je remarque en la pluſpart des perſonnes : s'il y a quelque raiſon d'une impieté ſi déraiſonnable, je me figure qu'elle vient de ce qué peu conſiderent les remarques que je prétens faire en ce Chapitre, non plus qu'un million d'autres, leſquels je ne diray point. Ils ne ſortent jamais hors d'eux-meſmes pour diſcerner de quelle ſorte agiſſent leurs ſens, & ils ne rentrent point non plus dans eux, pour y remarquer en quelle maniere leur ame fait ſes fonctions.

Ils ne font point de réfléxion ſur ce que notre volonté eſt comme une Reine qui commande, & à qui l'on obéït ; ſur ce que notre imagination fait en un inſtant tout le tour du monde, & ſur cette admirable harmonie des Cieux,

C v

dont les divers mouvemens font si bien reglez, qu'ils suivent toujours leur premier cours sans interruption & sans lassitude. Ils ne font point non plus de réfléxions sur cette innombrable diversité de toutes sortes de créatures, & sur cette merveilleuse varieté qui fait qu'entre tant de millions d'hommes à peine se trouve-t'il deux visages qui se ressemblent ; & que l'on remarque de la difference entre tous les animaux, & jusqu'aux fleurs & aux feüilles de toutes les plantes, ainsi que dans le reste de la nature.

Que si les hommes méditoient un peu de la sorte, seroit-il difficile d'ignorer qu'il y a un Dieu auteur de tous ces effets, & dispensateur de ces merveilles ?

Une seule de ces considerations & autres semblables, pourroit ce me semble convaincre les plus incredules : comme par exemple celle-cy. Comment est-ce qu'un œuf de paon ou de perroquet se convertit en un oyseau ; dites-moy, je vous supplie, qui est-ce qui luy donne ainsi la vie, l'instinct, & le mouvement ? Qui fait qu'une partie est employée pour la teste, l'autre pour le

cœur, & ainſi du reſte ; qui commande au bleu de prendre ſa place, & au
verd, à l'incarnat & à cent autres couleurs de s'y mêler , afin de divertir notre
veuë par une varieté ſi agréable ? Vous
me répondrez ſans doute que c'eſt la
nature. J'en demeure d'accord. Mais il
faut donc avoüer qu'elle a quelque ſe-
crete intelligence qu'elle ne peut avoir
reçûë que de ſon Auteur pour réüſſir
ſi adroitement & ſi conſtamment en
tous ſes ouvrages. Car de mettre en
œuvre tant de couleurs qui n'eſtoient
point auparavant, de peindre ſans pein-
ceau d'une maniere ſi admirable, c'eſt
ce qui ne ſe peut comprendre. Il faut
une étrange adreſſe pour conduire cet
œuvre avec ſuccès , pour rendre cette
bigarrure reguliere, & pour n'y manquer jamais. Que ſi le hazard eſtoit le
maiſtre d'un tel chef-d'œuvre, comme
quelques-uns le ſoûtiennent, réüſſiroit-
il toûjours auſſi régulierement qu'il fait ?
Et n'y verroit-on pas arriver autant de
manquemens & de défauts comme ils
rares ?

De cette conſideration on peut paſſer
à mille autres qui font eſtimer bien
malheureux ceux qui refuſent d'ajoû-

C vj

ter foy à des témoins si irreprochables, &
qui les convainqueront un jour ou d'a-
veuglement, ou de malice dans l'opiniâtreté qui les porte à ne vouloir pas recon-
noiftre les obligations qu'ils ont à leur
adorable Bien-faicteur.

CHAPITRE XIV.

Du grain de Bled.

DIEU fait continuellement dans la
nature des miracles si visibles,
qu'ils suffiroient pour persuader aux
plus impies que son infini pouvoir n'a
pas seulement créé toutes chofes, mais
que son éternelle Providence les main-
tient & les conserve. J'en veux rapporter icy un des plus communs, des
plus utiles & des plus admirables à mon
fens.

Chacun fçait que quand un grain de
bled eft jetté en terre, il eft comme perdu, & court fortune de perir en plufieurs
manieres. La nature néanmoins pour
le fauver de tant de perils, le reçoit &
l'échauffe dans son fein d'une chaleur

si violente, que perdant son premier
estre il se corrompt & il meurt. Mais
aussi-tost elle l'échauffe d'un autre feu,
l'anime d'une autre vertu, & le change
en un rejetton qui est la base, le fondement, & la racine de l'épy. Alors ce
grain ressuscite; & pour marque de sa
nouvelle vie, il germe & pousse un
tuyau, dont la forme est en piramide &
fort pointuë, pour plus facilement per-
cer la terre & respirer l'air. Or parce
que le tuyau ne pourroit épier & soûtenir son fardeau s'il n'étoit ferme, elle
le nouë en trois ou quatre differens
endroits, afin de le fortifier en y faisant
comme quatre étages. Elle nourrit gras-
sement la paille, & l'enfle afin de la
roidir davantage, & l'empescher de suc-
comber sous le faix. Le soin que la nature prend, & l'ordre qu'elle tient pour
accomplir ce chef-d'œuvre, n'est pas
moins inimitable qu'admirable. Elle
prépare comme de petits langes pour
envelopper son fruit lorsqu'il est encore
tendre : elle jette en rond des feüilles
qui sont comme un étui qui l'environne,
elle garnit le dedans d'une espece de
cotton fort délicat, sur lequel elle arran-
ge & couche ces grains : elle les enfle &

les enchaſſe les uns aprés les autres, &
coùvrant chacun d'eux de certaines petites pellicules douces comme de la ſoye,
elle les arme de toutes parts contre les
injures de l'air. Il fleurit enſuite, il dé-
fleurit, il devient maſſif & ſolide, puis
il arrive à ſa maturité : ce que ſa do-
rure témoigne lorſque peu à peu il quitte le verd qui marquoit ſes premieres
eſperances. Mais voicy une merveilleuſe prudence de la nature, pour le
garantir du pillage des oiſeaux : c'eſt
que de meſme qu'elle arme ces grains
de pellicules pour les préſerver de cette maladie mortelle des bleds qu'on nomme nielle, elle forme quatre rangs d'ar-
reſtes droites & picquantes pour les mettre à couvert contre les attaques de ces
petits animaux que leurs aîles portent
par tout.

La conſideration de tant de merveilles, fait que je ne m'étonne plus ſi No-
tre-Seigneur a choiſi le pain qui eſt fait
de bled, pour ſervir de matiere au
tres-ſaint Sacrement de l'Autel : où par
un effet admirable de ſa Toute-puiſſance
ce pain eſt changé en la ſubſtance de
ſon Corps, pour ſervir à nos ames d'un
aliment tout celeſte. Que ſi pour admi-

rer les œuvres de Dieu, il m'est permis de faire quelques réfléxions sur ce
sujet: le petit grain de bled se trouvera
rempli de mystere. Nous nous éton-
nons de ce que le mesme Seigneur a
multiplié deux differentes fois un petit nombre de pains pour nourrir un
tres-grand nombre de personnes. Mais
n'y a-t'il pas autant de raison de s'é-
tonner de ce que cette mesme Providence multiplie tous les ans le bled
pour la nourriture de tous les hommes?
Ajoûtez que le grain de bled ne peut
estre réduit en pain pour servir à l'en-
tretenement de notre vie, qu'il n'ait auparavant esté battu, écrasé & moulu:
qu'il n'ait passé par l'eau, par le feu, &
ne soit broyé & traité avec toutes les
rigueurs imaginables: en quoy il nous
represente fort bien les tourmens que
le Fils de Dieu (qui est le veritable
Pain de vie) a soufferts en sa Passion.
Et enfin le grain de bled est le symbole
de sa Mort & tout ensemble de sa Re-
surrection. Car comme ce petit grain
doit mourir avant que de pouvoir germer & reprendre une vie nouvelle pour
produire l'abondance de son fruit : aussi
a-t'il fallu que le Fils de Dieu mourust

avant que de reſſuſciter, pour nous rendre participans des fruits de ſa Paſſion. Et
comme Notre Seigneur aſſeure que le
grain de bled ſeroit ſterile, s'il eſtoit toûjours gardé, il ajoûte que qui aime ſon
ame, c'eſt à dire, ſa vie, la perdra, d'autant qu'il eſt néceſſaire pour la ſauver, de
l'abandonner de bon cœur aux tribulations & aux ſouffrances.

CHAPITRE XV.

*De l'Arc-en-Ciel, du Vent, & de la
Roſée.*

IL faut avoüer que pour l'ordinaire
nous ignorons le prix des choſes qui
paſſent pour eſtre les plus communes
dans le monde. J'ay crû autrefois que
l'Arc-en-Ciel, le Vent, & la Roſée du
matin n'eſtoient pas dignes de grande
conſideration ; & particulierement que
cette écharpe peinte & bigarrée de tant
de couleurs n'eſtoit qu'une pure illu-
ſion. Quoy qu'il en ſoit quelque choſe,
néanmoins le peu de lecture que la ſolitude m'a permis de faire m'a bien fait

changer de fentiment. Car je trouve que Dieu l'eftime fi fort qu'il en parle comme s'il s'en vouloit fervir pour tenir fon lit de juftice, & le rendre l'un des ornemens de fa Couronne Royale ; d'où vient que Salomon l'appelle le chef-d'œuvre du Tres-haut, le trefor de la nature, la riche écharpe de l'Univers, le cataracte des divines influences, le chapeau de fleurs du printemps, & le diadême de tout ce bas monde. Aprés des éloges fi magnifiques, & fortis de la bouche mefme du Sage, qui n'admirera point ce bel abregé des merveilles de la nature ?

Quant au Vent, dont l'origine nous eft fi cachée, & qui eft l'objet de notre mépris, & fouvent de notre colere : il eft fi utile que le monde periroit fans luy, parce qu'il ne purifie pas feulement l'air, mais il nettoye auffi toute la furface de la terre, & empefche par ce moyen la corruption qui rendroit ces deux élemens funeftes à toutes les créatures, dont ils entretiennent la vie.

Pour ce qui eft de la Rofée, plufieurs la confiderent avec mépris, comme une fumée de mauvaife odeur qui s'éleve d'une matiere corrompuë, & comme estant celle du serain qui nous cause tant de fluxions & de catares. Voila à mon avis quel peut estre sur cela leur sentiment. Mais s'ils consultent les sacrez Oracles, ils trouveront que Dieu parle d'elle avec éloge. Car il dit qu'il en est le pere : & lorsqu'il luy a plû de donner la paix aux hommes, il s'est servi de la rosée pour le témoigner. Aussi voyons-nous que sans elle la terre perdroit toute sa beauté, puisqu'elle fait verdir ses campagnes, émaille ses fleurs, & nourrit ses fruits : & ces millions de gouttes aussi claires que le cristal qui ne la rendent pas moins riche que feconde, font le symbole des graces dont Dieu rafraîchit, arrose & soûtient nos ames. Apprenons donc de ces veritez à respecter jusqu'aux moindres ouvrages de Dieu, à adorer leur Auteur, à confesser notre ignorance, & à demeurer dans l'humilité.

CHAPITRE XVI.

Que les plus petites créatures sont un grand sujet d'admiration.

L'ADMIRATION est fille de l'i-gnorance, car les hommes ne s'y portent que manque d'estre bien infor-mez des effets de la nature ; dont nul, quelqu'extraordinaire qu'il paroisse, ne manque d'avoir quelque cause pour prin-cipe, outre la puissance de Dieu. Le vul-gaire s'étonne de voir dans le Ciel des ba-taillons opposez qui s'entrechoquent, & des comettes épouvantables : d'autres admirent toutes les choses qui leur sont nouvelles : & d'autres ne pouvant con-cevoir l'addresse des Charlatans, con-siderent comme des enchantemens les moyens dont ils se servent pour gagner leur vie.

Le monde est plein de semblables admirateurs, parce qu'il est tout plein d'ignorans ; & nous n'admirons pas l'ef-fet de tant de créatures si admirables, parceque nous les voyons tous les jours.

Entre cent autres exemples que j'en
pourrois alleguer, y en a-t'il deux plus
sensibles pour montrer sa puissance &
sa bonté, que les merveilleuses proprie-
tez des vers à soye & des mouches à
miel ? Sa puissance n'y paroist-elle pas,
puisqu'à peine le pouvons-nous concevoir ? Et sa bonté n'y reluit-elle pas
encore davantage, puisque sa fin en cela
n'est autre que de nous dresser comme
une échelle pour aller à luy, semblable
à celle de Jacob ?

Un grand Saint dit qu'il n'admire pas
tant le Createur en la fabrique du Ciel,
du Soleil, & des autres astres, qu'en celle
des plus petits animaux ; parce que plus
ils font petits, & plus il y a sujet de remarquer le pouvoir de celuy qui les a rendu
si parfaits.

Aurons-nous donc encore du mépris
pour ce petit ver qui tire de sa substance
de quoy parer les Souverains, & d'estre
non-seulement l'ornement de leurs personnes & de leurs Palais, mais aussi celuy
des Temples ?

Quant aux mouches à miel, quel sujet d'une sublime méditation ne trouve-
rons-nous point dans la symétrie & la
construction de leurs bastimens ; dans

leur œconomie presque inconcevable ;
dans leur prévoyance nompareille ; dans
leur travail infatigable ; dans leur obéissance, leur fidelité & leur respect pour
leur Roy ; dans leur sagesse durant la
paix ; dans leur courage durant la guerre : & enfin dans toutes les choses qui
pourroient former la République la
mieux ordonnée , & le Royaume du
monde le mieux reglé ?

Considerant donc le monde comme
un pipeur qui nous trompe par son addresse , n'admirons plus la plufpart des
choses que nous admirons dans cette vie.
Mais admirons celuy qui nous a tiré du
néant ; celuy qui a joint notre ame à
notre corps ; qui nous prévient par ses
graces ; & qui peut nous faire tirer des
connoissances si utiles, des moindres de ses
créatures.

CHAPITRE XVII.

Confiderations de l'état du monde.

LE monde eſt trés-défectueux en toutes choſes, parce que lé peché l'a remply de mille deſordres, & qu'il ne ſubſiſte que par des moyens qui en troublent ſouvent l'œconomie. Dans la nature la corruption eſt le principe de la generation; & dans le commerce l'un ne perd jamais que l'autre ne gagne. Les Laboureurs ſe réjoüiſſent de la chereté du bled qui afflige le public. Les Marchands ſe réjoüiſſent du luxe qui les enrichit en appauvriſſant les autres. Les Officiers de la Juſtice ſe réjoüiſſent des procés qui ruinent les familles. Les Medecins ſe réjoüiſſent des maladies qui ſont l'un des plus grands fleaux de la vie; & les Soldats ſe réjoüiſſent de la guerre, quoy qu'elle ſoit la ſource de tant de maux qui ne peuvent finir que par la paix, aprés laquelle tout le reſte du monde ſoûpire Ainſi par un mouvement naturel chacun ſe porte

à ce qui luy eſt avantageux, ſans conſiderer l'intéreſt d'autruy. Et ce que je
plains le plus, c'eſt que notre orgueil
ne nous permet pas le plus ſouvent de
conſiderer ces miſeres où le peché réduit la nature.

Il y a du malheur par tout. Mais le
plus grand à mon avis eſt la vanité de
l'homme. C'eſt pourquoy ce Philoſo-
phe ſi celebre, avoit raiſon de faire ſi
peu de cas de toute la gloire d'Alexan-
dre, qu'elle ne puſt ny le divertir de
ſes penſées, ny luy faire ſeulement tourner les yeux pour le regarder. Si l'on
jugeoit ainſi de la fortune des hommes
ſans s'arreſter à l'écorce, elle n'auroit
plus tant de partiſans & d'idolâtres;
on louëroit un homme d'eſtre ſage, &
d'eſtre vaillant, mais non pas d'eſtre
ſomptueux, & d'avoir un grand équi-
page. On louëroit une Dame d'eſtre
belle & vertueuſe, mais non pas d'eſtre
fort parée & fort ajuſtée : & chacun re-
cevroit ſeulement les loüanges qui luy
feroient deuës. Car il n'y a rien ce me
ſemble de plus mépriſable que de loüer
une perſonne des choſes qui ſont hors
d'elle, & qu'elle peut perdre dans un
moment. Mais il la faut loüer de ce

qu'on ne sçauroit ni luy donner ni luy
ravir : comme d'avoir de l'esprit, du ju-
jugement & de la vertu.

Néanmoins le monde ne s'arreste qu'à
ce qui éclatte, & ne fait cas que des pre-
sens de la fortune, quoy qu'elle nous
les oste quand il luy plaist. Lorsque la
faveur environne un homme des rayons
d'une inconstante felicité, on l'adore
sans considerer s'il y a dans luy de veritables sujets de loüanges : & quoique
souvent il n'y en ait pas, on l'estime
grand, & il l'est aussi ; mais de mesme
que les Dames Italiennes, qui aprés
avoir quitté leurs escarpins sont aussi petites que les autres : ou bien comme ces
enfans qui étans montez sur des échaf-
ses, paroissent aussi grands que des géans,
& puis se trouvent des pigmées lorsqu'ils
en descendent.

Mais quand la beauté & la richesse
d'une personne est en elle-mesme sans
que la fortune y puisse avoir part, elle
est alors plus heureuse & plus riche que
les Souverains, parce qu'elle porte toûjours avec elle son Royaume & son trésor, que nulle disgrace ne luy peut
ravir. Que si vous comparez la tranquillité de l'esprit de cette personne
avec

obligations dont vous estes redevables à
Dieu. Songez que tout ce que lesmeil-
leurs ménagers peuvent épargner, ne
sçauroit diminuer leurs inquiétudes en
ce monde, & augmenter leurs peines en
l'autre. Par ce moyen vous mépriserez
toute cette épargne, qui n'a pour objet
que la terre.

CHAPITRE XXIII.

De la Fortune.

LA pluspart des hommes ont des
pensées toutes payennes de la fortune, puisque leurs actions font voir
qu'ils la regardent comme une Déesse
toute puissante : ce qui leur fait abandonner toutes choses pour la suivre,
sans considerer que cet engagement
est toûjours le plus grand de tous les
malheurs. Car les degrez de l'élevation des hommes font fort glissans, son
sommet tremble sans cesse, & le précipice qui en est tout proche est effroyable.

Il ne faut donc pas s'étonner si une

E

prospérité extraordinaire est souvent suivie d'une adversité qui n'est pas commune : si celuy qui entre dans la faveur
est engagé en de grands dangers , & si
sa vie est traversée de mille soucis. Plus
on est puissant , & plus on est exposé à
sa puissance , parce qu'elle ressemble au
feu qui s'allume d'autant plus qu'on luy
fournit plus de matiere.

Cette raison fait qu'on ne voit point
de personnes qui s'estiment plus miserables que celles qui ont esté les plus heu-
reuses ; on ne monte à un état si éminent
qu'avec de tiés-grandes peines , on ne
s'y arreste qu'avec de grandes difficultez ; & on n'en descend presque jamais
que par une chûte précipitée. Les Princes & les Rois mesmes ne sont pas les
seuls témoins de ces véritez , mais aussi
tous les Etats & tous les Empires du
monde , font voir qu'il y a toûjours eu
de l'abaissement , où il y a eu de la grandeur.

Je vous laisse donc à juger si un homme particulier inconnu à la fortune , &
qui n'a nul desir de s'élever , mais qui
est veritablement Chrestien , qui vit
simplement , & qui croit que le bonheur le plus souhaitable est celuy qui est

fondé fur la vertu, n'eft pas plus content & plus heureux qu'un grand Seigneur, qui au milieu de fes Charges &
de fes emplois eft rongé de mille chagrins ; ou qu'un favory qui ayant fa
maifon pleine de tréfors & de flateurs,
a dans fon cœur mille ennemis domef-
tiques qui luy font la guerre, & qu'il
ne peut vaincre. Car où font les exemples de ceux qui dans leur haute fortune ont furmonté la colere, la volupté,
& l'amour d'eux-mefmes, qui leur font
des ennemis plus redoutables que tous
ceux qu'ils peuvent avoir au dehors ?
Que ne fait-on pas néanmoins pour
acquerir ce bonheur imaginaire ? Tant
de foûmiffions, tant d'affiduitez ; tant
de travaux & tant de perils, ont-ils autre but, & s'en promet-on d'autre récompenfe que de recevoir des faveurs
de la fortune ?

Cependant on vieillit dans l'imagination d'y trouver un veritable bonheur,
quoy que nul ne l'y ait encore jamais
rencontré, & ne l'y rencontrera jamais.
Or ne feroit-ce pas une action de folie de remuer inceffamment de la terre
pour chercher un tréfor dans un lieu
où l'on feroit affuré qu'il n'y en a point ;

c'eſt néanmoins ce qui ſe fait à la Cour,
puiſqu'on n'y cherche du bien que pour
y trouver le repos que l'on ſçait n'y
pouvoit trouver. A quoy donc eſt bon
ce malheureux empreſſement qui n'a
pour fin que les richeſſes & le credit,
puiſque tant de gens qui n'ont que des
biens très-médiocres ſont ſatisfaits, &
que la joye paroiſt toute pure ſur leur
viſage, lorſque les Courtiſans ſont rongez de mille ſoucis ? Car je laiſſe à juger
à toutes les perſonnes non préoccupées,
ſi c'eſt un fort grand plaiſir de demeurer
ſix heures à une porte dont l'entrée dépend du caprice de Monſieur l'Huiſſier ;
ſi le rebut d'un Prince eſt un mets fort
délicat, & ſi c'eſt une choſe fort agréable qu'un railleur vous faſſe une piece
qui fera rire le monde à vos dépens.
Que s'il y avoit un point marqué où
aprés y eſtre arrivé on puſt acquerir le
repos de l'eſprit & la tranquillité de l'a-
me, j'avouërois qu'il y auroit lieu de
les excuſer, puiſqu'ils travailleroient
au moins pour quelque choſe de raiſonnable. Mais c'eſt un bien qui ne ſe
rencontre point en ce païs-là, parce
que les deſirs inquiets s'y renouvellent
ſans ceſſe, & ſont meſmes plus ordinai-

res dans les vieillards que dans les jeunes. Comme un bon Soldat meurt sur la bréche, un bon Courtisan meurt sur les coffres, & seroit bien fasché que la mort le pust rencontrer ailleurs. Que de peines pour estre connu ; que de traverses lorsque l'on a un peu de bonheur. Car si on aide au commencement un homme qui a de l'esprit, il ne devient pas plûtost considerable que l'envie s'attache à luy & le persecute. Il n'y a point de mer si inconstante qu'est la Cour ; & la pluspart de ceux qui y trafiquent estans trompeurs, fourbes & dissimulez, si dans le mesme temps qu'ils vous assurent avec serment de leur amitié ils rencontrent une occasion de vous nuire qui leur soit un peu avantageuse, ils l'embrasseront de tout leur cœur ; car l'intérest est l'ame de ce païs-là. Que si on l'en pouvoit bannir, il n'y auroit rien que de beau dans cette belle partie du monde, l'on s'y rendroit à l'envie de bons offices, & son commerce deviendroit un exercice continuel de vertu.

J'y ay toûjours remarqué deux sortes de personnes bien differentes ; les uns quelques braves qu'ils soient, quelques services qu'ils ayent rendus , & quelques témoignages que tous les gens de bien donnent à leur valeur & à leur generosité, ne peuvent s'élever à quoique ce soit , parce que la fortune semble prendre plaisir à les traverser. Et les autres au contraire , quoy qu'ils manquent de mérite, ne laissans pas néanmoins de se rendre agréables par leur adresse & leur complaisance, sont cheris de la fortune , & s'élevent à un dégré de faveur auquel on n'auroit jamais crû qu'ils pussent monter. Mais comme il n'y a rien que ces derniers ne fassent pour en venir là , il faut les imiter pour acquerir une fortune éternelle ; & ainsi s'attacher uniquement à cet objet , en méprisant tous les interests & les empressemens du monde, afin de se rendre agréables par ses soins, par son assiduité & par ses services au Roy du Ciel, de mesme que les autres font tant d'efforts pour plaire au Roy de la terre.

CHAPITRE XXIV.

Du Mariage.

LE Mariage est un fort grand Sacrement, & est sans doute plein de mysteres. C'est la figure de l'alliance de Jesus-Christ avec l'Eglise, & une sainte liaison dont les avantages paroissent dans plusieurs circonstances tres remarquables ; car qui doute que cette union si parfaite, cet amour reciproque, cette conformité d'intentions, cette communauté de biens & de maux , & enfin cette production des enfans, ne soient des contentemens tres-solides & qui rendent le Mariage venerable ? Au lieu que dans l'amour impudique il ne peut y en avoir que de honteux & traversez de mille chagrins.

Ne fait-il pas beau voir des personnes de toutes conditions, & mesmes des Princes & des Conquerans, quitter leurs glorieux emplois pour passer des journées entieres à s'entretenir de bagatelles avec une femme, & souffrir leurs mépris & leurs caprices, s'il se rencontre, comme il arrive assez souvent, que cette beauté ne soit pas seulement fiére, mais insolente : outre mille autres déplaisirs qui accompagnent toûjours ces affections illegitimes.

Mais il n'en va pas ainsi du Mariage quand il est heureux. On n'a qu'un cœur, qu'une volonté, qu'un mesme désir dans toutes les actions de la vie, parce que tout y estant commun, il ne peut y avoir de division dans les intérests de l'un & de l'autre. Ce Sacrement qui semble nous estre donné pour notre soulagement & notre repos, nous fortifie contre les tempestes des passions, & divertissant notre esprit de nos fantaisies passées, nous fait concevoir du mépris de ces malheureux objets dont nous étions auparavant idolâtres.

Ce n'est pas que dans le Mariage la beauté ne puisse estre considerée : mais la vertu le doit estre beaucuop davantage. On peut y considerer aussi & l'alliance & les biens, puisqu'ils sont necessaires pour soûtenir les maisons, & que si on regarde la veritable fin du Mariage, on ne se marie pas tant pour soy que pour sa posterité.

Quant à la maniere de s'y engager, il me femble qu'il vaut mieux que ce foit par nos amis que par nous mefmes, afin de ne nous y pas porter par une folle paf-fion : ayant fouvent remarqué que les mariages dont l'amour fondé fur la beau-té eft la principale caufe, font ceux qui réüffiffent le moins. Auffi n'y a-t'il point d'honnefte femme qui n'aimaft mieux, quand elle feroit la plus belle du monde, eftre aimée de fon mary à caufe de fa vertu qu'à caufe de fa beau-té ; ni de mary, qui quelque paffionné qu'il fut pour une maiftreffe, n'aimaft mieux qu'elle reçeuft un affront que non pas fa femme : parce qu'il confi-dere dans fa femme fon honneur propre & celuy de fes enfans ; au lieu qu'il ne confidere dans fa maiftreffe que fon plaifir.

La chofe la plus importante dans un engagement fi important, eft fans doute d'implorer le fecours de Dieu, afin qu'il luy plaife de répandre fur ce Sacrement fes faintes bénédictions, puifque fans cela on eft malheureux avec la plus belle femme du monde, & heureux avec une qui ne l'eft pas. Mais pour confer-ver ce bonheur, il faut que les maris s'é-

E v

loignent de telle forte de toutes les
affections déreglées, qu'ils ne donnent
aucun fujet de jaloufie à leurs femmes :
Et que les femmes de leur cofté fçachent que ne faifans que ce qu'elles doivent lorfqu'elles font chaftes, elles ne
s'en glorifient point, & ne s'imaginent
pas que cette vertu leur donnent droit
d'eftre ou vaines ou de mauvaife humeur,
ou negligentes dans le foin de plaire
à leur mary, & de bien conduire leur
famille.

CHAPITRE XXV.

De la Noblesse.

LA Nobleffe eftant un don de Dieu
qui doit eftre très-precieux à ceux
qui en font honnorez, j'en veux dire
mes fentimens dans ce chapitre. Le
vulgaire croit que c'eft le hazard qui
eft l'origine de la Nobleffe, qu'il ne
faut que mettre une épée à fon cofté,
faire le mauvais dans fon village, intimider le païfan, & trouver moyen de
s'exempter de payer la taille, pour faire

que trois générations s'étant écoulées,
les descendans de ce roturier passent pour
estre bien Gentilshommes.

Mais il n'y a rien de plus faux que
cette commune opinion. Les seules qualitez éminentes de l'ame, du corps &
de l'esprit ont commencé à mettre de
la difference entre les hommes : & les
actions éclatantes dans la guerre jointes
à l'amour de la patrie & à la sagesse de la
conduite dans les affaires publiques les
plus importantes, ont fait les Gentilshommes, les Princes, & mesme les Rois;
les peuples n'ayans point eu de peine
de se soûmettre à ceux que la vertu &
le mérite élevoient si fort aux dessus
d'eux, ainsi que toutes les histoires, à
commencer par l'Ecriture-Sainte, nous
en fournissent des exemples. Les hommes ont toûjours depuis continué dans
cette mesme inclination de leur obéir,
esperans de trouver en eux les vertus de leurs ancestres, & comme un
caractere sacré imprimé de la main de
Dieu qui leur donne quelque droit sur
leur liberté.

La Noblesse se peut donc considerer
comme une faveur du Ciel, lorsqu'elle est
accompagnée de cette haute générosité
E vj.

qui fait préferer l'honnenr à la vie ; &
Dieu l'a recommandé dans la personne
de Josué , de Gedeon , de Sanson , de
David, & de tant d'autres employez au
gouvernement de son peuple. Ainsi il ne
faut pas s'étonner si tous les hommes la
reverent, puisqu'en effet la Noblesse est
le plus éclatant des biens temporels :
car les richesses tirant leur origine de la
terre , & la volupté nous estant commune avec les bestes , il n'y a que la noblesse
du sang qui soit un bien propre & particulier à l'homme.

L'antiquité contribuë sans doute à
rendre les choses venerables, mais principalement les races & les familles ;
ainsi que nous le voyons non-seulement
dans les Histoires profânes , mais dans
l'Histoire sacrée qui décrit les Genealo-
gies des Parriarches & des Saints , comme par un hommage respectueux dû aux
descendans de cette veritable antiquité.
Mais il ne faut pas abuser de ces avantages en méprisant la vertu qui les a
produits. C'est une sotte vanité que de
se vanter des grandes & illustres actions
de ses prédecesseurs lorsqu'on ne les
imite pas , & que la gloire des morts
est la honte des vivans. Car quoy qu'il

y ait fans doute de l'avantage d'eftre connu par fes anceftres, il faut avoir cette loüable ambition d'ajoûter de l'éclat au leur, & d'eftre ainfi à l'égard de nos defcendans ce qu'ils font à l'égard de nous.

Que nous fert-il d'eftre fortis de parens illuftres, fi nous ne leur reffemblons pas ? Nous pouvons recevoir d'eux les biens & la vie ; mais l'honneur eft perfonnel, & celuy qui le poffede ne le peut laiffer à fes enfans, quelque affection qu'il ait pour eux : ce qui fait que l'on en voit tant, qui par l'obfcurité, & quelquefois mefme par l'infamie de leurs actions, terniffent l'éclat qu'ils ont reçu de la vertu de leurs peres.

La nobleffe ne procede pas moins du mérite que de la naiffance : & il vaudroit mieux eftre né dans une cabane que dans un Palais, fi les avantages que l'on en tire ne fervent qu'à rendre encore plus honteufe une vie qui n'y répond pas. Qui dit nobleffe, dit vertu ; puifque l'antiquité de la nobleffe d'une maifon a fans doute efté précedée par la vertu de ceux dont elle tire fon origine.

Il faut donc chercher un autre fondement de la nobleffe que cette antiquité qui ne mérite qu'on la confidere que lorſque la gloire des anceſtres eſt ſoûtenuë par les grandes actions de leurs deſcendans. Un brave & genereux Soldat; qui quoique fils d'un payſan s'eſt ſignalé en cent combats, ne vaut-il pas mieux qu'un Gentilhomme ſans cœur qui n'a jamais bougé du coin de ſon feu, & dont la nobleſſe ne ſert qu'à faire remarquer davantage ſa lâcheté & ſa honte ? Le vice abbaiſſe meſme les Rois, & la vertu peut élever de ſimples Bergers. La nobleſſe n'eſt qu'un fantoſme lorſqu'elle nous enfle le cœur d'une ſotte vanité, & nous fait perdre la vraye gloire, en nous faiſant négliger le deſſein de l'acquerir, pour nous arreſter ſeulement à celle de nos ayeuls.

Ainſi à parler ſincerement il ne ſuffit pas pour eſtre un vray Gentilhomme de trouver de la nobleſſe dans ſa race, mais il faut ſe témoigner tel par ſa vertu. Concluons donc qu'il faut faire peu de cas de cette antiquité de nobleſſe ſi elle n'eſt fondée ſur notre mérite, reconnoiſſans que Dieu eſt l'Auteur de cet avantage que nous avons reçû en venant au monde, & qu'il ne nous en favoriſe que pour nous convier à le mériter en le rehauſſant encore par notre vertu.

Que ſi notre curioſité veut paſſer plus avant pour approfondir quel eſt le prix de cette faveur, allons ſur le bord des abiſmes ; interrogeons le néant, informons-nous où nous eſtions avant que de naiſtre, & voyant que nous n'étions que dans les idées de Dieu, où il nous préparoit préférablement à tant d'autres, la qualité de nobles & de Chrétiens ; ne ferions-nous pas ſans cœur auſſi bien que ſans jugement, ſi nous n'offrions en ſacrifice à ce divin Maiſtre tout ce que nous poſſedons de la nature & de la grace ? Mourons donc plûtoſt que d'y manquer, puiſque la nobleſſe nous ſera d'autant plus glorieuſe, qu'elle nous rendra plus humbles, en nous aſſujettiſſant davantage à Dieu par des actions de religion & de pieté.

CHAPITRE XXVI.

De la Cour.

LA Cour est comme l'assemblage &
l'abregé de tout ce qu'il y a de plus
éclatant & de plus illustre dans le monde. Les esprits les moins brillans y con-
çoivent un certain feu qui consomme la
rudesse de la naissance. Son air adoucit
ce qu'on a contracté de sauvage & de
rude en respirant l'air des Provinces.
La nature y change de nature : on y devient subtil, adroit, poli, spirituel, comme si la presence du Souverain influoit
ces qualitez à ceux qui ont l'honneur de
l'approcher.

Les Courtisans sont presque differens
du reste des hommes ; & paroissent comme autant de Princes parmi les Bour-
geois, & mesme parmi les Gentilshommes qui n'ont jamais veu que la campagne. Mais comme les choses les plus
délicates sont beaucoup plus sujettes à
se corrompre, aussi les esprits de la Cour
se perdent & se corrompent fort aisé-

ment , s'ils ne font préfervez par une grace particuliere de Dieu. Car ils deviennent diffimulez, fourbes, vains, & fi fort attachez à leurs intérefts, qu'il n'y a rien qu'ils n'entreprennent pour s'avancer. Et quand ils ne fe trouveroient point emportez par ce torrent, ils ne font d'ordinaire capables que d'une longue & voluptueufe oifiveté.

Je fçay qu'il s'en rencontre quelquesuns à qui les bons fentimens que Dieu leur donne, font concevoir de l'amour pour la vertu : mais ils font en très-petit nombre, & n'ont parmi les Courtifans ni eftime, ni credit, ni autorité. Je rapporteray icy pour le confirmer un entretien que j'eûs autrefois avec un Seigneur qui étoit en grande confideration. Me menant un jour dîner avec luy, il rencontra en chemin deux Gentilshommes , dont l'un qui eftoit fort vaillant eftoit auffi fort judicieux & fort fage, & l'autre au contraire n'avoit aucune de ces bonnes qualitez. Il reçut le premier avec refpect , mais froidement , & fit mille careffes à ce dernier, puis les emmena tous deux dîner. Comme j'eftois affez familier avec luy je luy demanday en particulier, aprés que l'on fut levé

de table, s'il connoissoit bien ces deux
Gentilshommes , les caresses qu'il leur
avoit faites me semblant fort inégales
& assez étranges , veu la réputation de
l'un , & le peu d'estime qu'on faisoit de
l'autre. Ignorez-vous , me répondit-il ,
la principale de nos maximes ? Nous
allons droit à l'utile, & n'oublions nulle
grimace qui nous puisse apporter quelque avantage. Un Courtisan ne doit son-
ger qu'à faire parler de luy , & ainsi ac-
cabler de caresses ceux qui sont dispo-
sez à l'écouter , parce que nous n'avons
pas besoin de ces qualitez essentielles
qui ne servent de rien à notre dessein.
La vertu de ce premier est pour luy
seul, sa valeur est pour le Roy qu'il sert
fort utilement. Cette grande retenuë
dont il use pour ne rien dire mal à propos , n'est pas l'effet d'un Courtisan.
Car pour estre agréable en compagnie ,
& rendre tout ensemble de bons offices ,
il faut toûjours dire du bien de ceux
que l'on veut servir , & du mal des autres. Quant à cet étourdi , il est bien reçû par tout : il parle incessamment de
tout le monde : il sçait ce qui se passe
dans les maisons, & ne manquera pas
au sortir d'icy de dire qu'il a fait chez

moy la meilleure chere du monde,
que je fuis un très-galand homme, li-
béral, généreux, & digne de la bonne
fortune que j'ay : qu'un homme de mon
humeur & de mon mérite eft un ornement de la Cour, & mille autres chofes
femblables que fon efprit luy fournira
pour me payer de mes careffes. Au
refte il peut dire fi fouvent ces chofes,
& en tant d'endroits differens, qu'on
s'accoûtumera à les croire auffi bien
qu'à les entendre. Avoüez donc qu'il
n'eft que d'avoir ces perfonnes pour
amis, & que la plufpart des fortunes de
la Cour ne fe font que par ces fortes de
moyens : car je veux bien que vous fça-
chiez que les Princes ne connoiffent les
hommes que par le rapport qu'on leur
en fait.

Voila le beau raifonnement de ce
Courtifan, dont tous les gens d'honneur
fe doivent moquer. Car ce commerce
de fourberie non - feulement eft honteux, mais il conduit toft ou tard ceux
qui l'exercent dans le précipice : au lieu
que ceux à qui Dieu fait la grace de n'aimer la vertu, & de ne rechercher l'autorité, la grandeur & le credit que par des
voyes legitimes, font heureux mefme

dans leurs disgraces, puisque s'il ne re-
cuëillent aucun fruit de leurs travaux,
ils se consolent dans l'esperance des biens
éternels, & conservent une tranquillité
d'esprit qui les conduit heureusement à
la mort.

Je demeure d'accord que toutes les
personnes de naissance doivent connoî-
tre la Cour, y passer une partie de leur
vie, & s'y attacher raisonnablement:
Elle acheve un homme comme je l'ay
dit, & fait, à mon avis, sur l'esprit,
le mesme effet que la danse & les autres
exercices font sur le corps. Car elle le
perfectionne, luy donne de grandes lumieres, & le met en état de n'estre pas
surpris & trompé, en luy découvrant les
finesses, les fourberies & les artifices du
monde.

Comme lorsqu'on commence à vieillir, on se dégoûte des divertissemens qui
ne sont propres qu'à la jeunesse. De
mesme un homme sage se dégoûte de
l'occupation ordinaire des Courtisans,
qui est de rendre à ceux qui sont en faveur des hommages presque toûjours
inutiles, & dont la dissimulation & une
lâche complaisance sont le plus souvent
inséparables; & il s'en dégoûte si fort,

qu'il a de la peine à la fouffrir. Néanmoins ainfi que dans les Aſſemblées il
ſe rencontre des ſpectateurs qui eſtant
obligez par neceſſité de s'y trouver,
voyent danſer, ſans avoir aucune affection pour la danſe : un homme vertueux peut auſſi demeurer dans la Cour,
quand ſon devoir l'appelle auprés de
ſon Roy ; mais ſans y attacher ſon cœur,
qui doit toûjours avoir pour objet de
plus hauts deſſeins , & de plus nobles
eſperances.

C H A P I T R E   XXVII.

De l'eſclavage des Souverains.

IL faut que je me declare , & que
je découvre, mais avec reſpect, les
ſentimens que la vie de la Cour me
donne pour cette Dignité ſuprême, qui
d'un homme infirme comme les autres,
en fait le maître de ſes ſemblables, &
l'image vivante de Dieu. Je ſçay que
les railleurs ſe mocqueront de moy, de
ne croire pas que la puiſſance abſoluë
ſoit la vraye felicité & le ſouverain bon-

heur de cette vie : mais cela pourtant ne
me rebutera pas.

Le feu Roy , auprés duquel j'ay eu
l'honneur de passer vingt-cinq ans , &
qui avoit beaucoup plus de lumiere que
la plufpart du monde ne l'a crû , m'a
fait concevoir le mefme fentiment pour
un Sceptre , qu'en avoit ce Prince qui
difoit : Que fi l'on en connoiffoit bien
la pefanteur , on ne le ramafferoit pas fi
on le trouvoit à fes pieds.   Il n'eft pas
croyable combien de dégoufts accompagnent les Couronnes , & combien de
déplaifirs affiégent fans ceffe les Princes.
Leur vie eft un efclavage illuftre & perpetuel : ils n'ont de bonnes heures qu'à
la dérobée : & l'on n'a pas plus d'impatience de quitter fa cuiraffe aprés un
combat , qu'ils en ont de quitter les ornemens de leur grandeur pour s'enfer-
mer avec ceux qu'ils honnorent de leur
bienveillance.

Que s'il eft vray que la liberté foit
une chofe précieufe , & que notre contentement foit attaché au pouvoir de
faire ce que notre inclination nous rend
agréable ; n'eft-il pas certain que les
Rois font inferieurs en cela aux autres
hommes , puifqu'il faut qu'ils fe con-

traignent fans cefle ? N'eft-ce pas une chofe trés-penible d'eftre toûjours affié-gé d'une preffe fâcheufe & importune ; de manger feul environné de mille per-fonnes, ou defagréables ou inconnuës, & d'eftre obfervé & confideré jufques dans le cœur ? Mais il eft encore bien plus fâcheux d'eftre privé de toute a-mitié, en quoy chacun demeure d'ac-cord que confifte la plus grande dou-ceur de la vie. Car comme il y a tant d'inégalité entre le Souverain & le Su-jet ; l'amitié ne peut naiftre ni fubfifter dans une telle difproportion de condi-tions. Et à qui, je vous prie, peut eftre veritablement agréable cette lâche & perpetuelle complaifance qu'on a pour les Rois, qui fait qu'on ne les dé-dit jamais de rien, puifqu'une contefta-tion moderée eft ce qui réjoüit & diver-tit l'efprit ? Ce qui fit qu'un Ancien dit de fi bonne grace à un homme qui ne luy repliquoit point : Parle, afin que nous foyons deux.

Les Rois ne fçauroient juger fi un conte qu'ils font eft bon ou mauvais, puifqu'on approuve toûjours ce qu'ils difent : & on n'entre gueres dans leurs cabinets que pour les tromper, fi ce

n'eſt en les trahiſſant, c'eſt au moins
en les flattant ; la Cour eſtant la veritable ſource de la flatterie. Ainſi l'Empereur Julien eut grande raiſon de répondre à celuy qui le loüoit de faire
bonne juſtice : Je me glorifierois volontiers de cette loüange , ſi elle venoit
d'une perſonne qui oſaſt condamner mes
actions.

Les Courtiſans ne ſe contentent pas
de flatter ; mais pour faire les habiles
ils ſe diſent ſouvent des badineries à
l'oreille , faiſant un myſtere d'une niai-
ſerie. Ce patelinage me fait ſouvenir du
Milan, qui s'éleve bien haut dans l'air,
& ſemble vouloir comme l'Aigle regarder le Soleil ſans ſiller les yeux : cependant ce vol ſi audacieux n'a pour objet
qu'une grenoüille , ou qu'une ſouris.
De meſme on croit que dans la Cour il
n'y a rien que d'élevé , & néanmoins la
pluſpart des actions en ſont fort baſſes,
preſque tous les Courtiſans ne ſongeans
qu'à ſupplanter par quelques moyens
que ce ſoit ceux qui font obſtacle à leur
fortune.

Mais quand il n'y auroit que ce que
les Rois ſont ſujets comme les autres
à toutes les infirmitez humaines , leur
condition

condition eſt-elle ſi fort à envier ? Mon bon Maiſtre eſt mort à quarante-trois ans, ſans que l'éclat de ſon Diadême, ny toutes ſes victoires & ſes triomphes ayent pû prolonger ſes jours d'une heure : & je ſçay qu'il n'a pas crû perdre grande choſe en perdant toute ſa grandeur. Auſſi Diocletien, quoique méchant & ambitieux, renonça à la Couronne de la plus grande Monarchie du monde, pour goûter les douceurs de la retraite, & ſe mocqua de la fortune lorſqu'elle voulut la luy rendre. On a vû de meſme preſque de nos jours l'Empereur Charles-Quint quitter volontairement l'Empire pour finir ſes jours dans un Monaſtere.

Il faut que la conduite d'un Royaume ſoit une choſe plus difficile qu'on ne croit, puiſque le commandement qui paroiſt ſi doux aux ignorans, cauſe tant de peines à ceux qui l'exercent, que ſans mentir il eſt du devoir d'un bon ſujet d'avoir compaſſion du Prince qui luy commande. Ces épines de la Royauté ſont bien picquantes : & en voicy une entre pluſieurs autres. Nous faiſons fermer les jours qui regardent ſur nos jardins, de peur que nos voiſins

ne nous contrôlent : les Religieux mefmes n'en peuvent fouffrir : & les Rois
ne peuvent joüir de ce privilege. Comme s'ils eftoient efclaves de leur grandeur , chacun s'efforce de pénétrer leurs
penfées : le peuple mefme ofe fe mefler
d'en juger ; & s'ils ont quelques défauts,
on les remarque beaucoup plus que les
imperfections des autres , & jufques à
leur en donner le nom.

Quoique tout cela foit veritable, il
ne laiffe pas auffi d'eftre vray, que fi la
grandeur eft jointe à une folide pieté,
fi l'on joüit d'un Royaume comme n'en
joüiffant pas , & fi l'on préfere ainfi que
faifoit faint Loüis la qualité de fervi-
teur de Jefus-Chrift au titre ambitieux
de Conquerant , & de Maiftre de la
Terre ; on peut eftre un fort grand Saint
& un fort grand Roy tout enfemble,

CHAPITRE XXVIII.

Que les Gentilshommes doivent aller à la Guerre.

IL n'y a point d'occupation non-seulement plus honorable, mais plus raisonnable pour les Gentilshommes que la guerre. C'est leur véritable métier : & je n'ose dire le jugement que je fais de ceux qui passent jusqu'à quarante ans sans y aller. Il n'appartient qu'à des ames lâches d'apprehender les fatigues que l'on y souffre, les blessures que l'on y reçoit, & mesme la mort dont on y court risque à toute heure. Rien de tout cela ne peut empescher ceux qui ont du cœur de s'engager dans un employ si glorieux, & auquel leur naissance les oblige.

La vie passe & finit aussi bien dans l'oisiveté d'une vie molle, que dans les fatigues & les périls des armées : & je soûtiens que celuy-là ne mérite pas de passer pour Gentilhomme, qui estant né tel ne s'expose pas genereusement pour la gloire de son Prince & le bien de sa

Patrie, lorſqu'il ſe trouve obligé de les
ſervir dans la guerre.

Chacun doit exercer ſa profeſſion,
puiſque c'eſt Dieu qui le commande;
mais il faut agir dans ces emplois par
les ſentimens du vray honneur, & par
les motifs d'une veritable généroſité,
en renonçant à ces deteſtables maximes, par leſquelles on veut nous perſuader que la perfidie & la cruauté ſont
permiſes & meſme loüiables à la guerre, parce que ce n'eſt pas le lieu d'e-
xercer des actions de charité. On doit
au contraire ſe repreſenter & graver
fortement dans ſon eſprit, que pluſieurs qui paſſoient pour honneſtes gens
& pour vertueux, devenans des mon-
ſtres dans les armes, & des peſtes pour
le commerce de la vie civile, on ne
ſçauroit trop s'étudier à ſe moderer, &
à dompter ſes paſſions auparavant que
de s'engager à ſervir le public, & à
combattre les ennemis de l'Eſtat. Car
à moins que de s'affermir dans la vertu,
il eſt comme impoſſible que la contagion de tant de libertins ne nous attire
dans le deſordre, & ne nous faſſe faire banqueroute à la conſcience & à la
gloire.

N'eſt-ce pas un très-grand avantage à un Gentilhomme de pouvoir faire ſon ſalut en acquerant de l'honneur ? Et peut-on trop eſtimer le nom de Soldat, puiſque tous les grands Rois le deſirent, & s'en tiennent honnorez ?

Quittez donc Meſſieurs de la campagne votre oiſiveté. Conſiderez que la vie qui n'a pas pour objet les actions de l'honneur eſt une mort, & que cette pareſſe qui ne s'applique point aux choſes hautes, ſoit ſpirituelles ou temporelles, eſt un ſepulcre où on s'enterre tout vivant. Souvenez-vous que la vie qui ne ſe paſſe ni dans la Cour ni dans la Guerre, ne laiſſe pas d'avoir ſes deſordres, ſes tourmens, & ſes malheurs. Un vaiſſeau perit auſſi bien dans un trop grand calme manquant de vent pour le pouſſer, qu'au milieu de la tourmente ; & il meurt autant de gens par des maladies de langueur, que par des fiévres aiguës & violentes. Car nous reſſemblons au fer qui ne s'uſe pas moins par la roüille que lorſqu'on l'employe. Ce n'eſt pas que les forces ne ſe laſſent & ne diminuent par le travail ; mais elles déperiſſent encore davantage par l'oiſiveté : Ce qui a fait juger aux plus sages de l'Antiquité, que notre beatitude en cette vie ne consiste pas dans le repos, mais dans l'action. D'où je conclus que nous ne devons pas nous éloigner des emplois d'honneur ; mais au contraire nous y porter selon que notre condition nous y oblige, puisque cela ne nous empesche pas d'arriver au repos de l'autre vie qui doit estre notre seul but.

Puis donc que la raison & la conscience nous obligent à joüer le personnage qui nous a esté marqué de Dieu lorsque nous sommes venus sur ce grand théâtre du monde ; ceux qui n'ont point de legitimes excuses de servir leur Prince & leur pays dans la guerre, ne peuvent s'exempter d'y aller sans manquer à leur honneur , & témoigner une lâcheté qui peut en quelque sorte leur estre imputée à crime. Il faut excepter de ce nombre quelques ames attachées à la contemplation, ou qui s'employent à faire la guerre aux vices, ou aux déreglemens de la vie : comme aussi ceux qui n'étant pas propres pour les armes, s'occupent à servir Dieu , & à donner bon exemple. Ceux-là aident à gagner les Batailles aussi bien que ceux qui

combattent, ainsi que faisoit Moyse, &
que plusieurs autres l'ont fait depuis luy
à son exemple.

CHAPITRE XXIX.

De la Mortification.

LEs Grands du monde ne pensent
pas que la mortification, si neces-
saire pour gagner le Ciel, doive passer
jusques à eux : ils s'imaginent qu'elle
n'est que pour les Cloistres : que c'est
une foiblesse de s'abaisser en se morti-
fiant au dessous de sa condition : que
le desir de se rendre considerable ne se
peut accorder avec l'humilité qui est la
base de la mortification : qu'il faut dans
le monde vivre en Soldats, ne souffrir
rien, & se contenter des maux qu'on
ne sçauroit éviter : que les uns sont nez
pour souffrir, & les autres pour agir :
que les uns sont destinez à estre Princes,
& les autres à estre Bergers : qu'il ne
seroit pas bien-séant aux personnes de
condition d'imiter les Religieux : que
chacun se doit conduire à sa fantaisie :

que pourveu que nous faſſions bien noſtre perſonnage, ſoit que nous ſoyons
grands Seigneurs, ou d'une moindre
naiſſance, il ne nous ſera jamais repro-
ché de n'avoir pas vêcu comme des Ana-
corettes : qu'il faut laiſſer jeuſner, porter
la haire, & faire d'autres penitences à
ceux qui ſont payez pour cela, & ſe contenter des exercices de notre profeſſion,
quelques agréables & divertiſſans qu'ils
puiſſent eſtre, ſans en concevoir de vains
ſcrupules.

Voila l'idée que la pluſpart des Grands
ſe forment touchant leur maniere d'agir.
Mais n'eſt-ce pas bien ſe tromper que de
raiſonner ainſi contre toute ſorte de raiſon ? Car puiſqu'il y va du ſalut, chacun
doit rappeller les lumieres de la Foy, qui
nous apprennent que le Paradis eſt comme un Royaume qu'il faut gagner &
emporter par violence ; que le chemin
en eſt étroit ; & qu'on ne peut ſuivre
Jeſus-Chriſt qui nous y mene, qu'en renonçant à ſoy-meſme, & en portant ſa
Croix pour le ſuivre.

Certes, il faut avoir perdu l'eſprit,
lorſque pour paſſer pour galand homme on oſe dire qu'il n'eſt pas beſoin de
ſe contraindre, & de ſouffrir quelque

chôfe pour gagner le Ciel , puifque la nature mefme nous apprend qu'il faut mortifier le corps pour le conferver en fanté. Car comme le fel empefche la chair de fe corrompre : de mefme la mortification empefche notre corps de fe ruiner par les délicateffes & les douceurs d'une vie molle & voluptueufe.

Nous naiffons avec de fi mauvaifes inclinations qu'elles nous rendent ennemis de Dieu ; & nous ne fçavons que trop par experience qu'aprés avoir efté lavez de nos pechez dans le Baptême, nous en commettons fans ceffe de nouveaux, fans faire aucune réfléxion fur la grandeur de ce Sacrement : & que les actions mefmes que nous faifons quelquefois pour nous garantir du peché, font pleines de mille défauts. C'eft pourquoy il faut nous mortifier, & accoûtumer de bonne heure notre corps à des actions de penitence, comme une victime que nous devons facrifier à la juftice de Dieu pour l'expiation de nos pechez. Tous les Saints ont fidelement pratiqué cela : le fac & la cendre ont efté les moyens dont ils fe font fervis pour obtenir mifericorde ; & depuis le temps qu'ils fe font confacrez à Dieu,

leur vie n'a esté qu'une continuelle
mortification ; & une guerre sans tréve
contre leurs passions déreglées.

N'est-il pas juste de priver notre corps
de la pluspart des plaisirs de cette vie,
puisqu'ils causent tant de maladies à
nos ames ; & de renoncer aux voluptez qui sont ennemies de l'innocence,
afin de fortifier notre esprit du costé
qu'il est le plus foible ? Si nous sommes
l'ouvrage de Dieu, il est bien raisonnable que nous nous donnions à luy sans
partage ; car il veut le corps aussi bien
que l'ame : & comme le desir de faire
sa propre volonté a perdu le premier
homme, il faut que les mortifications
le sauvent & le réünissent à Dieu, qui
est l'objet & le principe de tout son
bonheur.

Veillez, dit l'Evangile ; soyez sur vos
gardes, de peur que votre maistre ne
vienne à l'heure que vous ne l'attendrez
pas, & qu'il ne vous condamne s'il vous
rencontre dans la débauche, ou ne faisant pas vostre devoir. Le déluge ne
surprit-il pas les hommes lorsqu'ils ne
pensoient qu'à se marier, à se divertir;
& à faire bonne chere ? Si l'Eglise qui
est notre modéle aussi bien que notre

mere, nous propofe des veilles, des jeufnes & des humiliations : fi parmy fes chants de réjoüiffance & de triomphe elle en mefle toûjours de triftes pour demander mifericorde : fi dans fes Feftes les plus folemnelles elle expofe à nos yeux des objets de penitence, comme la croix & autres femblables, il faut eftre bien infenfibles pour ne la pas imiter.

Puifque la mortification en affujetiffant le corps à l'efprit, fait avec l'affiftance de la grace, qu'il fe porte au bien avec beaucoup plus de facilité, pourquoy ne nous priverons-nous pas pour l'amour de Dieu des plaifirs qui ne font pas legitimes, voyant que les plus déreglez mefmes fe privent fouvent des chofes permifes pour conferver leur fanté ? Un Courtifan, un homme de guerre, qui s'abftiendra dans un feftin de manger ce qu'il aimeroit le mieux, fera un facrifice à Dieu : & quoyque cela foit peu de chofe, il luy fera tres-agreable. J'en dis de mefme des autres rencontres, où il eft fans doute très-utile de fe mortifier ; car il fe contente fouvent de peu.

La vertu, comme je l'ay déja dit,

n'ayant point de plus grande ennemy
que la chair, il faut travailler à l'affoiblir
par l'abstinence. Et comme les plantes
viennent plus foibles, & produisent de
moins bons fruits dans les terres seiches
& mal cultivées que dans celles que
l'on engraisse & que l'on arrose ; il en
est de mesme des passions, parce que
pour faire cesser les effets il faut aller à la
cause. On ne sçauroit nier aussi que la
sobrieté ne conserve la joye du cœur &
le repos de l'esprit.

C'est pourquoy il faut vivre avec
beaucoup de moderation, & sur tout
s'abstenir de boire du vin avec excés,
puisque c'est l'ennemy capital de la cha-
steté : Ce qui a fait dire à l'Apostre, que
le peché qui luy est contraire estoit caché dans le vin ; Et à saint Jerosme, que
le vin & la jeunesse sont les deux boute-
feux de cette passion déreglée. Si bien
que comme l'étude du sage doit avoir
pour fin de dompter & d'amortir par la
pratique des vertus les mauvaises inclinations, le vin au contraire les réveille,
en r'allumant par la violence de sa chaleur & la subtilité de ses esprits, ce que
ces vertus s'efforcent d'éteindre. Ne
voyons-nous pas aussi que c'est une

fource feconde de conteftations, d'info-
lences, de difputes, de querelles, & de
mille autres defordres : ce qui nous doit
porter à embraffer volontiers la mortification qui luy eft contraire, puifque
l'expérience nous fait voir qu'elle eft
pleine d'une douceur qui produit la
modération dont nous avons tant de
befoin auffi bien pour la fanté de notre
corps que pour celle de notre ame. J'ay
paffé quelques années dans un pays où
l'abondance avoit rendu les hommes fi
faineans & fi abrutis, qu'ils n'eftoient
capables que de boire & de manger : &
au contraire la neceffité que la guerre
leur a depuis fait fouffrir, les a rendus
actifs & fans comparaifon plus alaigres
& plus fains. Ainfi la pauvreté garan-
tit fouvent de beaucoup de maux, &
particulierement du plus redoutable de
tous, qui eft le peché, lequel ne s'attache que rarement à une pauvreté fobre
& laborieufe, qui confervant pour foy
la vertu qui fe contente de peu, laiffe les
vices pour les riches.

Puis donc que la mortification eft fi
néceffaire, embraffons-la de bon cœur,
& tafchons de la pratiquer de telle
forte, au millieu mefme des richeffes &

de la bonne chere, que l'on ne s'en puisse apercevoir. Il y a néanmoins de certaines mortifications, comme les jeusnes, les abstinences, & autres choses commandées par l'Eglise, qui ne sçauroient pas n'estre point publiques, parce qu'elles nous obligent indispensablement, & que l'on ne peut pas manquer à les pratiquer sans manquer au Christianisme; & tomber dans le malheur de cette menace du Fils de Dieu dans l'Evangile : Qu'il desavouëra devant son Pere celuy qui aura honte devant les hommes de pratiquer ses préceptes & de suivre son exemple.

Toutefois plusieurs esprits foibles qui veulent passer pour esprits forts, croiroient faire tort à leur réputation s'ils ne juroient pas avec les blasphémateurs, s'ils ne médisoient pas en la compagnie des Dames & s'ils ne perdoient pas le respect devant les Autels. Ils ont mesme peur qu'on ne les fasse passer pour des hypocrites, s'ils ne rient de certaines choses qui doivent plutost les faire pleurer : au lieu que c'est en ces occasions, & autres semblables, qu'on est obligé de se mortifier si l'on a quelque conscience. Mortifions-nous donc en confiderant que l'éclat & les vains plaifirs de ce monde paffent ; mais que les récompenfes d'avoir fouffert par des motifs de vertu, durent éternelle-ment.

CHAPITRE XXX.

De la Penitence des Courtifans.

COMME c'eft une jufte néceffité dans la vie humaine de payer nos dettes, il eft encore beaucoup plus ju-fte de payer ce que nous devons à la juftice de Dieu, à caufe de nos pechez. Pour ce fujet l'Eglife nous prefche la pénitence, & nul ne peu entrer dans le Ciel que par ce chemin. C'eft cette verité qui peuple les Cloiftres, & fait méprifer toutes les grandeurs du mon-de à ceux qui penfent férieufement à leur falut. Je ne prétens pas pourtant que tous foient obligez à fuivre le mefme genre de vie. Mais comme tous les hom-mes font pecheurs, il faut qu'un Cour-tifan, qu'un homme de guerre, & tous les autres de quelque condition qu'ils

puissent estre, se portent au moins à quelque sorte de penitence.

Representons-nous pour cela quelle
est l'infamie de la volupté criminelle,
la briéveté de sa durée, & le malheur
sans fin dont elle est suivie. Cette consideration pourra porter ceux qui n'ont
pas tout à fait perdu la raison, à condamner leur vie passée, & leur trop
grand attachement à la Cour par l'a-
mour qu'ils ont pour les vanitez du
siécle, au préjudice de l'amour qu'ils doivent avoir pour Dieu.

Comme je sçay que les grandes austeritez se peuvent difficilement allier
avec les délices & les emplois de la
Cour ; je n'ose leur proposer l'exemple
des Saints qui ont tout abandonné pour
se retirer dans des grottes ou dans des
cellules. Mais si toute la vie n'est qu'une
croix : si nul homme n'a jamais esté
exempt de souffrir, & si nos jours les
plus doux n'ont d'ordinaire que de
fausses joyes mélées de véritables déplaisirs ; je voudrois du moins que dans
la veuë & le regret de leurs pechez, ils
souffrissent de bon cœur les maux qui
sont inséparables d'avec leur condition,
puisque faute d'en user ainsi, toutes

ces peines leur sont inutiles, & ne leur donnent point la consolation que produit la pénitence. C'est ce qui a fait dire au Sage : qu'une des meilleures choses du monde est de souffrir pour Dieu avec patience & tranquilité : comme au contraire l'une des pires, c'est l'impunité des méchans.

Que si l'on ne peut sans frayeur tomber entre les mains des hommes pour estre jugé par eux ; combien est-il plus effroyable de tomber entre les mains du Dieu vivant ? C'est une erreur de vouloir aller au Ciel par un chemin tapissé de fleurs, de prétendre le Paradis sans souffrir, & le repos du Sabbat sans l'avoir mérité en travaillant durant les jours qui le precedent. Il n'est pas moins ridicule de dire que les austeritez alterent notre santé, diminuent nos forces, & avancent notre mort, puisqu'au contraire la chaleur naturelle est souvent bien plus vigoureuse & les esprits plus épurez & plus brillans dans un corps moins chargé d'humeurs par l'abstinence. Et combien voit-on de filles de bonne maison, mal faines & délicates dans le monde, qui reprennent de nouvelles forces parmy les austeritez de la

vie religieuse ? Mais quand bien la penitence affoibliroit le corps en quelque
sorte, peut-on blâmer un aussi juste dessein qu'est celuy de passer par dessus cette consideration pour glorifier & servir
Dieu avec plus de pureté.

De plus, n'est-ce pas une chose raisonnable que de n'acquerir du bien que
par le travail ? On souffre pour la gloire
du Prince & pour le bien de l'Estat
les fatigues de la guerre, quoiqu'extrê-
mes & accompagnées de tant de perils.
On travaille avec passion à acquerir les
sciences, quoique cela fatigue l'esprit
& captive la liberté. On court mille
fortunes sur la mer pour tâcher de s'enrichir par le commerce ; quoique la
possession de ces biens soit peu asseurée.
Et enfin toutes les occupations de la
vie sont suivies de peines & de traverses sans nombre, quoique le but où
elles tendent pour la pluspart soit peu
important. Que ne doit-on donc point
faire pour le salut, où il s'agit de tout pour
toûjours ?

Puisque nos forces diminuent sans
cesse, n'est-il pas plus avantageux de
les employer à des actions de vertu,
que de les consumer à des occupations

inutiles ? Ce n'eſt pas qu'en quelque maniere les richeſſes & la grandeur meſme ne ſoient bonnes, puiſqu'en rehauſſant l'éclat de la majeſté des Souverains, elles impriment un plus grand reſpect dans l'eſprit des peuples, & les retient ainſi plus fortement dans l'obéiſſance qu'ils leur doivent. Mais toute cette pompe n'empeſche pas que les grands qui veulent vivre ſaintement, ne s'humilient aux yeux de Dieu, & ne portent meſme le cilice ſous la pourpre, ainſi que faiſoit le grand ſaint Loüis.

Si donc Dieu ne nous a pas abandonnez, n'ayons point de honte, quoyque nous ſoyons dans le monde & dans le grand monde, de vivre chrétiennement ; faiſons penitence au milieu des folles vanitez du ſiécle : conſervons des ſentimens chrétiens parmi l'idolâtrie de nos compagnons ; aimons la vertu comme la choſe du monde la plus aimable, & conſiderons que quand la fortune nous porteroit juſques à devenir les favoris de notre maiſtre, nous avons un autre maiſtre dans le Ciel à qui il nous faudra un jour rendre compte, & qui nous récompenſera ou nous punira ſelon le bon ou le mauvais uſage que nous aurons fait de ses graces.

Mais n'est-ce pas une chose étrange que ce que l'on tire de l'avantage du peché ? Car la honte & le déplaisir d'y estre tombé en ramene plusieurs à leur devoir , & grave pour l'avenir dans leur cœur ce qui ne faisoit auparavant qu'une legere impression dans leur memoire. Ainsi le peché de saint Pierre augmenta son ardeur & sa passion pour Jesus-Christ , & d'autres fautes ont fait quantité de Saints par la penitence. Car comme c'est un trafic honneste d'acheter le salut de notre ame au prix des souffrances de notre corps, l'horreur du peché fait souvent mépriser le monde, les biens, la santé, & sa propre vie, afin de l'expier & d'y satisfaire. Dans ces rencontres les difficultez animent l'esprit ; le travail luy devient doux ; & il trouve plus de plaisir où il trouve plus de résistance ? Ce qui fait qu'il y a plus de gloire d'estre bon par vertu que par nature, comme il y a plus de mérite à faire du bien par élection que par hazard.

Nous ne suivrons jamais mieux ces préceptes que lorsqu'il nous arrivera de tomber dans le dégoust de la vie

qu'on paſſe à la Cour, ou par les rebuts
d'un favori, ou par la mauvaiſe humeur
du Prince, ou par les traverſes que nous
donnent ceux qui aſpirent aux meſmes
choſes que nous deſirons. Offrons alors
de bon cœur à Dieu toutes nos peines,
qui ſe trouveront ſans doute plus grandes que les penitences des Religieux,
parce qu'elles n'ont pas leurs conſola-
tions.

Pour concluſion : comme il ne faut
pas ſe laiſſer aller au ſcrupule, il ne faut
auſſi chercher dans le monde que les ſa-
tisfactions qui ſe peuvent recevoir ſans
bleſſer ſa conſcience, & ſe réſoudre de
ſatisfaire à Dieu pour ſes pechez, en ſe
ſouvenant qu'il n'a pas moins dit aux
Courtiſans qu'aux Hermites : Si vous ne
faites penitence, vous perirez tous.

CHAPITRE XXXI.

De la confiance en Dieu qu'un Gouverneur de Place doit avoir quand il est attaqué.

JE veux faire icy une remarque utile pour le métier de la Guerre sur le sujet d'un Gouverneur * sans le nommer, quoique ses actions l'ayent assez fait connoistre, lequel s'est trouvé deux fois assiégé dans une mesme Place.

La premiere fois les ennemis l'ayant assiégé dans le temps que toutes nos forces estoient attachées à un grand siége, il leur eust esté très-facile de l'emporter d'abord, n'y ayant encore alors aucuns dehors à cette Place. Mais la bonne mine qu'il fit avec sa garnison les ayant obligez à l'attaquer par forme, sans avoir pû, aprés y estre venus par tranchées, & après un combat très-opiniastré qu'il soûtint en personne, gagner un ouvrage en forme de fer à Cheval qu'il avoit fait à leur veuë, ils se resolurent de faire mettre pied à terre à toute leur Cavalerie pour

* La Bassée.

donner le lendemain par vingt endroits
en mesme temps, & l'emporter de cette
sorte ; ce qui leur eust esté facile. Mais
la nouvelle qu'ils reçurent que la Place *a*
par nous attaquée, & qui peut tenir
rang entre les meilleures, s'estoit ren-
duë le septiéme jour de tranchée ouverte,
& connoissant trop la vigilance, l'experience dans la guerre, & la haute valeur du General *b* qui en avoit fait le
siége, pour pouvoir douter qu'aussi-tost
ils ne l'eussent sur les bras, ils décampe-
rent la nuit mesme.

La seconde fois que ce Gouverneur
fut assiégé, sa Place estoit composée de
plusieurs grands bastions ; mais nouvellement faits, très-bas d'eux-mesmes,
& abaissez encore par l'hyver : de sorte
que sans une pallissade qui estoit sur la
berme, on auroit pû monter facilement
de tous les costez ; ce que je particula-
rise pour montrer qu'il falloit garde par
tout. On avoit fait trois demi-lunes
aux costez que l'on jugeoit estre les
plus importans, & on avoit laissé sans
fortification le costé par lequel cette
Place a esté prise. La raison en estoit
double, l'une que le lieu estoit beau-

a Bapaume. *b* M. le Maréchal de la Milleraye.

coup plus profond & plus marécageux
de ce costé-là ; & l'autre que les habitans avoient assuré qu'il estoit toûjours
plein d'eau jusques à la fin d'Avril. Or
c'estoit en ce temps que notre Armée
devoit estre belle & assez puissante
pour pouvoir secourir la Place si elle
estoit attaquée ; & par conséquent il
sembloit qu'il n'y avoit nul sujet de
craindre. Mais il en arriva autrement ;
car il ne plût jamais moins qu'il fit alors
& comme les ennemis estoient infor-
mez de l'estat de la Place par les Pay-
sans qui avoient travaillé à la fortification, ils s'attacherent à ce costé denué
de tout travail, sans dehors, sans fossé,
sans rempart qui fust à l'épreuve du
canon, & d'une terre très-facile à remuer. Leur Armée se trouvant forte de
trente-quatre mille hommes Espagnols,
Italiens & Walons, ils diviserent leur
siége en trois attaques ; & ces diverses
Nations agissans à l'envie les uns des
autres, resolurent d'exécuter le dessein
de leur conseil, en prenant en dix jours
cette Place. Il n'y avoit dedans que
deux mille cent cinquante hommes, &
peu d'Officiers. Cependant on estoit
réduit à cette nécessité par le contour
très-

très-spacieux de cette fortification peu achevée, de faire passer la moitié de la garnison qui avoit été la nuit & le jour opposée aux ennemis du côté de ces trois attaques, sur les bastions & dans les dehors nouveaux faits ; tellement que contre toutes les maximes de la guerre, les Soldats & les Officiers n'avoient pas une nuit de franche ; & ceux qui se sont trouvez en ces rencontres, sçavent si la fatigue n'est pas un ennemi aussi importun que les hommes.

Avec tout cela la simple contrescarpe dura dix-huit jours. Le fossé, qui est l'une des principales parties de la fortification, avoit si peu de profondeur, qu'il fut passé en trois jours à la faveur de vingt-six pieces de canon, qui avoient déja mis en brêche & confondu la courtine & les deux bastions attaquez. Les ennemis estans logez sur les bermes, tenoient les deux pointes des bastions avec leur hauteur ; & les assiégez estoient réduits à conserver un simple retranchement dans les gorges. Ce ne furent que combats de main, les nôtres ayans la nuit, fait quitter cent fois le travail aux ennemis : je dis la nuit, parce que le jour on ne pouvoit rien entre-

prendre à cause du feu continuel de
toutes leurs troupes. Mais comme le
fort emporte le foible, aprés que les
ennemis eurent poussé une mine sous
notre mauvais réduit, laquelle ils s'of-
frirent de faire voir, & n'estant plus sur
le bastion qu'à longueur de l'épée les uns
des autres, on se rendit le vingt-septié-
me jour de tranchée ouverte.

Les frequentes sorties, les oppositions
incroyables & souvent funestes aux ennemis, & les soins perpetuels de toute
cette illustre garnison, servirent beaucoup à conserver leur honneur dans la
perte de cette imparfaite Place.

Auparavant ces deux siéges, le Roy
ayant commandé pour visiter les Places
frontieres du costé de Flandres, un Maréchal de France *, que c'est assez faire
connoistre que de dire que l'on voit
rassemblées dans luy toutes les qualitez
qui peuvent former un grand Capitaine, un excellent Courtisan, & un homme capable de réüssir dans les negocia-
tions les plus importantes ; il demanda
à deux Gouverneurs voisins, dont celuy-cy en estoit un, combien de temps
ils pouvoient tenir, lorsqu'ils seroient

* Monsieur le Maréchal de Grammont.

attaquez comme on le jugeoit inévitable. A quoy le premier ayant dit qu'il
tiendroit assurément trois semaines, &
qu'il pouvoit le mander à la Cour.
L'autre répondit que pourveu que Dieu
ne luy refusast pas son assistance, il feroit sans doute son devoir, mais qu'il
ne pouvoit pas répondre d'un jour s'il
l'abandonnoit. Cette réponse parut aussi
froide que l'autre fut approuvée. Mais
l'évenement montra qu'il ne faut rien
promettre de ce qui n'est pas en notre
puissance, & que c'est estre sage que de
remettre toutes choses à la providence
de Dieu : Car ce premier Gouverneur,
quoique courageux, ne tint qu'un jour,
& celuy-cy tint autant de temps que vous
l'avez vû.

Ainsi pour dire franchement une verité qui peut servir à toutes les personn-
nes de commandement, s'il y a des Gouverneurs qui, quoy qu'ayant beaucoup
de cœur, ne réüssissent pas dans ces
importantes occasions, il le faut attribuer à ce qu'ils se confient sur leurs
propres forces, sans implorer le secours
de Dieu, & luy demander sa protection, ignorans, comme je croy, ce qu'il
a dit, que c'est de son assistance que nous

devons attendre toute notre confervation ; & qu'ayant vaincu pour nous le
monde & l'enfer, il nous peut garantir
des plus grands perils : ce qu'il ne fait
que felon la confiance que nous témoi-
gnons d'avoir en luy.

Tant de malheureux évenemens qui
ont fait perdre à ceux qui méprifent un
fi faint devoir, non-feulement leurs Places, mais auffi l'honneur qu'ils avoient
acquis auparavant, font voir combien ce
que je dis eft véritable.

Au contraire je connois un Gouverneur, qui portant les clefs de fa Place
au pied de la Croix, prioit Dieu de la
vouloir prendre en fa garde, avec fon
honneur, fa perfonne & toute fa gar-
nifon, & de luy faire la grace de ne
faire tort à perfonne dans l'étenduë de
fon pouvoir, mais de gouverner jufte-
ment & humainement les peuples & les
gens de guerre. Dieu l'affifta par une
protection toute vifible. Car quoique
meflé diverfes fois parmi les ennemis
dans des forties, il n'a receu que des
bleffures favorables, & eft toûjours re-
tourné avec avantage. Surquoy je fçay
que les loix ordinaires de la guerre ne
veulent pas qu'un Gouverneur forte de

fa Place , à caufe des dangereux accidens qui en peuvent naiftre ; mais cela
eft permis lorfqu'une Place eft fi mauvaife qu'elle ne peut eftre deffenduë que
par des actions de courage toutes extraordinaires.

Je foûtiens qu'il eft impoffible , en fe
conduifant de la forte que je viens de
dire , de manquer jamais à fon devoir.
Car quelques perils qui nous environnent ; que pouvous-nous craindre lorfque nous avons pour Général celuy qui
fe nomme luy mefme le Dieu des Batailles ? Au contraire, fi manque de pieté
nous le contraignons de nous abandonner , les demons qui font nos irrecon-
ciliables ennemis, & d'autant plus dangereux qu'ils font plus cachez , agite-
ront notre efprit, troubleront notre jugement, ébranleront notre cœur, & nous
feront commettre des fautes qui nous
perdront fans reffource pour le prefent
& pour l'avenir.

CHAPITRE XXXII.

De la misere des procés, & du devoir des bons Juges.

IL se rencontre dans toutes les conditions, des malheurs, des épines, & des croix. Le peché est le principe de ces desordres ; & le demon est l'auteur de leur durée. Ma propre expérience m'a fait connoistre ces véritez : & ainsi ce n'est pas seulement par le rapport d'autruy que j'en parle. Dès ma premiere jeunesse j'ay été peu attaché à mon interest ; & les appas de la fortune qui charment la pluspart des hommes, m'ont esté assez indifférens. Néanmoins dans un même tems, en une même semaine, & en un mesme jour, je me trouvay attaqué de plusieurs affaires non moins épineuses qu'insupportables à mon humeur. Car faisant profession d'estre si franc que les procedez qui sont les chicanes de mon métier, m'ont toûjours autant déplu que les chicanes du Palais, je n'ay pas laissé d'apprendre tout

à la fois la difference qu'il y a entre une
forclusion, un Arrest interlocutoire, &
une Requeste Civile. Ces trois incidens
se joignirent à une querelle contre un
plus grand Seigneur que moy : & tous
quatre ensemble se liguerent pour me
rendre malheureux s'ils eussent pû. Il
est vray que quant au dernier je ne m'en
mis pas beaucoup en peine, parceque je
ne crains que Dieu, & que le pouvoir
de la seule faveur sans vertu ne me fera
jamais changer de dessein.

Mais quant aux procés, j'avoüe que
ce font des monstres qui me font peur :
& jusques à leur habit fait d'un certain
parchemin qui n'est pas vierge, puisqu'il
porte avec luy le trouble & la guerre,
tout me paroist affreux dans la chicane.
Le Plaideur a l'envie peinte sur le visage, marquant par là que son ame n'est
pas satisfaite, & que ses souffrances ont
du rapport avec celles des réprouvez,
puisque son corps les partage avec son
esprit.

En verité, si je l'ose dire, la grande
Salle du Palais est une representation de
l'enfer : on y voit une confusion de creatures, rassemblées comme des quatre
parties du monde, contraires en leurs

humeurs, en leurs demandes, en leurs desirs, & semblables en ce seul point que le peché ne les abandonne presque jamais. L'horrible bourdonnement que l'on y entend, confond les tons differens des voix, & dix mille n'en font qu'une seule trés-importune. C'est une chaleur perpetuelle, parce que la justice, qui devroit avoir les yeux bandez, ne donne que trop souvent droit à celuy qui ne l'a pas, & que ces mauvais Arrests font passer du corps dans l'esprit le cuisant & vif déplaisir de se voir ainsi contre toute sorte de raison arracher son bien. De plus, le mouvement perpetuel de ceux qui, comme un flux & reflux, passent & repassent des quatre coins de ce lieu si vaste, & de tant d'autres détours & retours qui l'environnent, ressemble à celuy d'un abîme, dont l'agitation continuelle est incapable d'aucun repos. L'enfer & le Palais conviennent donc sans doute en beaucoup de choses. La haine, la calomnie, la médisance, la colere, la fureur, & tout ce que l'amour du bien peut inventer de plus méchant & de plus injuste, y paroist en éminence. La charité n'y entre jamais, ou si rarement que c'est un miracle : & s'il survient

quelque penſée d'accommodement, elle
eſt détournée par ceux qui ne vivent que
de la miſere des autres. On y a ſans ceſſe
l'eſprit ouvert à déguiſer la verité pour
taſcher à tromper les Juges, & l'avarice s'y rend liberale pour parvenir à ſes
fins par les moyens meſmes qui luy ſont
contraires.

Je ne prétens nullement comprendre
dans cette deſcription ces excellens Juges, qui eſtans comme les oracles de la
Juſtice & élevez dans une region ſupe-
rieure, voyent d'un eſprit tranquille ce
qui ſe paſſe au deſſous d'eux, & conſiderent toutes ces agitations ſans eſtre touchez d'autre intéreſt que celuy de s'ac-
quitter de leur devoir. Je les ſupplie
néanmoins de trouver bon que je leur
repreſente icy une grande verité, qui eſt
que pluſieurs de ceux qui embraſſent
cette profeſſion ſi eſtimable en elle-meſme, ne le font nullement par des motifs qui en ſoient dignes : ils cherchent à
ſe rendre conſidérables en achetant une
Charge, afin de pouvoir faire enſuite un
mariage avantageux ; & établir ainſi
leur fortune : ce qui eſt ſi éloigné du
deſſein qu'ils devroient avoir, de regarder Dieu dans la fonction d'un miniſtere

auſſi ſaint qu'eſt celuy de diſtribuer la
Juſtice, qu'il ne faut pas s'étonner s'il
s'en rencontre dont les actions ne ré-
pondent pas à la dignité de leurs Charges.

Je ne ſçaurois m'empeſcher de repe-
ter avec douleur, que peu y entrent
avec cette loüable réſolution, de préfé-
rer leur devoir à leur intéreſt ; d'aimer
mieux eſtre juſtes que riches, & innocens devant Dieu, qu'heureux ſelon les
fauſſes maximes du ſiecle. Certes on ne
ſçauroit trop les plaindre, s'ils ne conſiderent ſerieuſement, qu'aprés avoir
jugé les autres ils ſeront eux-meſmes jugez de Dieu dans ce jour terrible, où les
ſecrets des cœurs eſtant revelez, chacun
ſera traité ſelon ſes œuvres, ſans pouvoir ni les cacher, ni les déguiſer à cet
œil éternel qui voit toutes choſes.

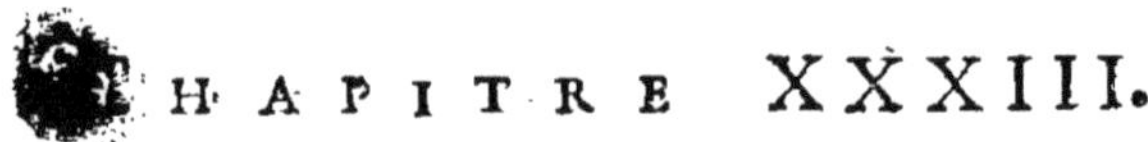

CHAPITRE XXXIII.

De la Chicane.

L'AGE d'or n'a pû, ce me semble, recevoir un nom si éclatant, que parce que l'on a crû dés la naissance du monde, que les biens nous estans marquez par l'or, il nous represente toutes les felicitez de la vie ; d'où vient que l'on s'imagine qu'un homme qui possede beaucoup d'or, possede aussi toute sorte de bonheur. En quoy on s'est à mon avis si fort trompé, que je trouve que c'est rrés-mal à propos que le siécle de l'innocence a esté nommé le siécle d'or. Mais sans entrer en contestation avec les parains de cet heureux temps, je le regrette par plusieurs autres raisons, & particulierement à cause de ce parfait repos dont jouissoient les familles ; lequel bannissant tous procés, toutes contestations, & toutes haines, faisoit que l'on y vivoit sans chicane, sans parchemin, & sans Contrats. Les appels interjettez, les Sentences ou

Arrefts fur Requefte de forclufion, contradictoires & definitifs, & tous ces autres noms à guérir des fiévres, étoient alors inconnus. Le ouï & le non comprenoient toutes les maximes répanduës dans le Code & dans le Digefte ; on ne glofoit point fur les circonftances, & la fubtilité & la fourberie n'étoient point encore nées.

Mais il n'en va pas ainfi dans ces derniers fiécles : l'intereft a pris leur place, & poffede les hommes avec tant d'empire, qu'ils croyent que ce qui ne tend. pas à ce deffein n'eft qu'une niaiferie : ce qui a fait prendre à la chicane la place que la fincerité devroit tenir. Ainfi il n'y a point de moyens qu'on ne mette en œuvre : & quand la verité n'eft pas évidente, parce qu'on luy donne tant de formes que l'on ne fçait à laquelle s'arrêter, on a recours aux preuves qui en ont encore davantage : d'où vient que l'autorité même de nos Loix fe trouve obfcurcie par l'embarras que l'on met dans l'efprit des Juges, car il y a autant de diverfes interpretations bonnes ou mauvaifes que de paroles ; & il fe rencontre toûjours quelque circonftance qui caufe & appuye la diver-

fité des jugemens : de forte qu'il vaudroit
prefque mieux n'avoir point de Loix, que
d'en avoir un fi grand nombre d'inutiles.

Notre admirable Roy faint Loüis jugeoit fes Sujets fur des Requeftes, fans
frais, fans dépens, fans formalitez, con-
-fiderant feulement l'équité & la juftice. Il y en a qui employent le premier
paffant pour les juger, comme ne pouvant eftre fufpect à des parties qu'il ne
connoift pas ; & d'autres qui prennent
dans la foule le premier venu, & le
prient de terminer fur le champ leurs
differents.

Le langage de chaque nation, fi in-
telligible en toute autre chofe, devient
obfcure dans un Teftament & dans un
Contrat, parce qu'on leur donne autant
de glofes qu'on leur peut donner d'interpretations par la chicane. C'eft pour-
quoi le Roy Ferdinand envoyant des Co-
lonies dans les Indes, défendit d'y mener aucun homme de pratique, de crainte
que les procés ne rempliffent bien-toft
ce nouveau monde.

Ce grand nombre d'Arrefts & de
Commentaires fur le Droit & fur les
Coûtumes, n'empêchent pas que l'on ne
plaide plus que jamais. On obfcurcit par

ce moyen plûtoſt que l'on n'éclaircit les
choſes ; & quand on croit avoir trouvé
la verité ; tant de difficultez en foule
viennent embarraſſer l'eſprit, que l'on
ne ſçait plus où l'on en eſt.

Que ſi cela eſt un trés-grand mal, il
n'y en a pas un moindre dans la pratique. Car manquez à une formalité,
vous manquez à tout ; & votre cauſe
ne dépend pas tant de votre bon droit,
que du ſoin de ceux qui la conduiſent.
J'ay gagné un grand procés autant pour
avoir quitté un Avocat devenu peſant
par ſon vieil âge, & en avoir pris un
plus jeune * tout de feu, tout eſprit &
homme de réputation, que parce que
j'avois bon droit ; ma partie m'ayant
avoüé que ſans cela j'aurois aſſurément
perdu ma cauſe. Le bon ou le mauvais
ſuccés de cette affaire dépendoit donc
principalement de cette circonſtance
particuliere. Surquoy on peut encore
remarquer que pluſieurs Arreſts d'une
même Chambre, le déboute de deux
Requeſtes Civiles ſur le même fait, &
quinze années de temps employées à ce
procés, ne pûrent unir les ſentimens
de dix : car ils furent ſi partagez dans

---

* Monſieur Pucelle.

leurs opinions, que fi l'un d'eux ne fut
revenu, il eftoit accroché pour un autre
fiecle, ou pour mieux dire, je n'y aurois
jamais penfé.

Mes réfléxions fur cela me firent
former un deffein dans l'employ où
j'étois alors, qui fembloit affez loüable.
Ce fut de délivrer le peuple du dom-
mage qu'il reçoit de la chicane. Mais
l'ennemy mortel de la paix, jugeant de la
fuite de cette bonne œuvre par les fruits
qu'elle commençoit déja de produire, &
prévoyant qu'elle ne feroit pas moins
avantageufe pour le repos des confcien-
ces que pour le bien temporel ; il y
fit naiftre des obftacles, & porta mefme
des perfonnes à fe déclarer contre moy,
non feulement pour m'en empefcher,
mais pour me perfecuter, fans faire
confcience de me traiter de la mefme
forte que fi j'avois voulu vôler leur
bien & les ruiner. Ainfi ils n'obmi-
rent rien pour effayer de me perdre,
mais fort inutilement, parce que Dieu,
pour la confidération duquel j'avois
entrepris de les obliger, & dont le
parti eft toûjours auffi bien le plus fort
que le plus jufte, m'en fit fortir avec
honneur. Comme ils montroient bien

en cela qu'ils eſtoient aveugles , je les
excuſe , quoique l'action ſe meſure par
la volonté & que pour récompenſe
d'avoir deſiré de les rendre heureux ,
ils ayent recherché ma vie avec autant
d'animoſité & de violence que ſi je les
avois pillé & deſeſperé. Je leur pardonne encore une fois de très-bon cœur,
& prie Dieu qu'en ſe ſouvenant de mon
intention , il oublie celle de ces pauvres
gens ſi intereſſez & ſi ingrats tout en-
ſemble.

Je ne ſçaurois finir ce Chapitre ſans
y ajoûter encore , quoy qu'à la honte de
notre ſiécle , que dans cette meſme affaire , aprés avoir ſollicité durant quinze
ans , ſurmonté toutes les chicanes imaginables & obtenu trente - ſix Arreſts
dans une meſme Chambre j'en obtins
enfin un difinitif , auquel il y eut pour
huit ou neuf cens livres de conſignation,
& où aucune formalité ne fuſt ou-
bliée. Qui n'auroit crû qu'aprés cela
on n'en entendroit jamais parler ? Néanmoins ſept ans après , la meſme partie
condamnée par tous ces Arreſts a pre-
ſenté Requeſte d'intervention ſur une
autre affaire , fondée ſur un Arreſt contraire au mien datté du meſme jour, don-

hé par surprife, & qui n'a efté fignifié
qu'au bout de fept ans. Ce qui n'ayant
pas le moindre fondement dans les regles de la Juftice, toutefois le Rappor-
teur l'a opiniâtré de telle forte qu'il a
emporté les autres Juges, & l'intervention a efté reçûë. Ce qui n'iroit pas à
moins que de ruiner toute ma famille, fi
je n'avois plus efté au monde pour y apporter remede ; & fi je n'avois efté affez
heureux pour avoir de long-temps un
Procureur fi homme de bien, que contre
fes propres interefts, il eft ennemi de la
chicane, & n'aime pas moins l'honneur
que plufieurs aiment à s'enrichir.

CHAPITRE XXXIV.

De la Joye.

LA joye eft un effet de la fatisfac-
tion que nous reçevons des avantages qui nous arrivent, lefquels flattant, pour ainfi parler, notre cœur, font
qu'il fe répand au dehors pour la témoigner. Mais afin que la joye s'accorde
avec la vertu, il faut qu'elle foit & rai-

sonnable & moderée. Lorsqu'elle a ces qualitez, on peut la nommer la joye des Élûs, puisqu'elle marque le calme de leur esprit, lequel est toûjours content, parce qu'ils sçavent qu'il ne leur sçauroit rien arriver que par la volonté de Dieu, & qu'ils veulent toûjours tout ce qu'il ordonne. Ainsi on peut dire, que quoique les personnes du monde aiment si fort à se réjoüir, cette veritable joye se trouve beaucoup plutost dans les cellules des Anachoretes, que dans les Palais des Rois. J'en suis si persuadé, que celui qui penetre toutes nos pensées, sçait qu'il n'y a point de grandeur sur la terre que j'estime tant que cette joye toute Chrestienne qui est le partage des gens de bien. Comme toute cette vie est pleine de croix, sans que ni les plus hautes dignitez, ni les plus grandes fortunes en puissent exempter personne, cette joye interieure fait qu'elles paroissent legeres à ceux qui les portent, dans la veuë de celuy qui en a porté pour nous une si pesante, suivant cette parole qu'il a proferée de sa propre bouche: Mon joug est doux, & le fardeau que j'impose n'est point penible. Ainsi l'Apôtre ne souffroit pas seulement ses croix

avec patience , mais il s'en glorifioit.
On doit donc les confiderer comme
eftant la fource de la veritable joye. Et
quelle plus grande preuve en fçauroit-
on defirer , que de voir un homme qui
après avoir quitté le monde & renoncé
généralement à toutes fes vanitez & à
tous fes plaifirs , fe trouve incomparablement plus heureux dans fa retraite &
le filence de fa folitude , que ne font
ceux qui joüiffent de ces faux contentemens, qui paffent dans le fiecle pour la
plus grande félicité de la vie.

Que fi les perfonnes qui font éblouies
par l'éclat, & comme enforcelées par les
charmes des faux plaifirs de la terre, ont
peine à comprendre cette verité ; ils
n'ont qu'à confiderer , que leur joye n'é-
tant fondée que fur des chofes paffageres , non-feulement elles ceffent par ce
changement continuel de tout ce qui eft
dans le monde ; mais elles fe changent
mefme en fes contraires , le chagrin ,
l'inquiétude , la trifteffe , & la douleur
prenant la place de ce plaifir qui rem-
pliffoit leur efprit , parce que fon
fondement n'avoit rien d'affuré ny de
folide : au lieu que la joye des gens de
bien n'ayant pour bafe que leur foû-

miſſion à toutes les volontez de Dieu, on peut dire en quelque maniere qu'elle eſt immuable comme luy-meſme.

J'en puis parler par experience, ayant eu quatre très-grandes joyes en ma vie, qui toutes ont eſté ſuivies de déplaiſir : & comme elles ſont aſſez particulieres, j'eſtime que le Lecteur n'aura pas deſagréable que je les rapporte icy.

La premiere de ces joyes fut enſuite d'une ſortie que je fis de la Place *, dont j'ay décrit cy-devant le ſiége, où Dieu m'aſſiſta de telle ſorte, qu'après avoir fait ſortir mes troupes par trois divers endroits, nettoyé toute la tranchée, & taillé en pieces tout ce qui me reſiſta, je fis raſer les redoutes, les places d'armes, & plus de trois cens thoiſes des travaux des ennemis, enſuite d'un combat très-opiniátré & à diverſes repriſes, à cauſe qu'il ſe rencontra que le Comte de la Tour, Général de la Cavalerie des ennemis, qui eſtoit allé avec trois cens chevaux pour reconnoiſtre quelque choſe du coſté de leur camp, vint ſoûtenir les ſiens que j'avois défaits ; & ayant pris avec luy la garde, & marchant en très-bon ordre entre la con-

* La Baſſée.

trefcarpe & moy pour m'attaquer, je ralliay quatre-vingt de mes Moufquetaires & foixante chevaux, avec commandement exprès de ne tirer que par mon ordre ; fi bien que cette décharge s'étant fait à bout portant, mon bonheur voulut que ce Général fut tué ; ce qui ayant ébranlé tout le refte, je demeuray le maiftre du champ. Aprés cette action, qui dura plus de trois heures, eftant rentré le dernier dans la Ville, je fus receu avec une telle joye des Officiers & des habitans, qui avoient veu de deffus le rempart tout le combat, que j'avoüe qu'elle m'en donna une toute extraordinaire ; mais elle ne dura gueres. Car la deuxiéme nuit d'après, les ennemis s'emparerent d'une mazure qui incommodoit extrémement l'une de nos principales attaques. Ce qui me donna un très-fenfible déplaifir de n'avoir pas pû l'empefcher.

Voicy la feconde de ces joyes dont j'ay parlé. Après que j'eus perdu par les formes ce Gouvernement, le Roy eftant fatisfait de ma conduite, & fa Majefté m'ayant promis une récompenfe encore plus confidérable, je luy demanday un autre Gouvernement * qui

* Moyenvic.

vaqua quelque temps aprés ; mais plufieurs , beaucoup plus favorifez que
moy, l'ayant aufïi demandé , je demeuray fix femaines à la Cour avec peu
d'efpérance de l'obtenir , le Roy ne
declarant point fon intention : ce qui
me donnant une fort mauvaife opinion
de ma fortune , dans la conjonéture
de la mort du Cardinal de Richelieu,
du peu d'efpérance de la fanté du Roy,
& du changement de face que la Cour
eftoit prefte de recevoir à toute heure, outre que mes amis ne me témoi-
gnoient plus tant de chaleur qu'auparavant , j'eftois prefque réfolu d'abandonner tout , lorfqu'un Dimanche au
matin le Roy eftant dans fon lit, l'un
des premiers Gentilshommes de fa
Chambre, qui étoit dans fa ruelle, me
fit figne de m'avancer vers fa Majefté, de laquelle m'eftant approché, elle
me dit ces mefmes paroles : Je vous
donne de bon cœur le Gouvernement
de Moyenvic , & voudrois qu'il valuft
davantage ; vous m'avez trés-bien fer-
vi, & je vous ordonne de prier Dieu
pour moy. Alors je fus embraffé de
cent perfonnes, dont la plufpart ne me
regardoient pas auparavant , & je reçûs

d'eux des complimens & des témoignages d'eftime, dignes de la flatterie
de la Cour, pour ceux qui ont quelque
bonheur. Mais l'on a vû cy-deffus de
quelle forte cette joye fut troublée,
par la non moins horrible qu'injufte perfecution que j'ay reçûë dans ce Gouvernement.

La troifiéme de ces joyes fut, qu'ayant
été commandé avec mon Regiment,
& un autre qu'on y joignit pour faire joüer un fourneau à l'une des fa-
ces d'une demie-lune de la plus importante Place * que nous ayons prife
depuis la declaration de la guerre, &
y faire enfuite un logement ; il arriva
comme j'executois cet ordre, qu'une
autre demie-lune ayant été attaquée
deux heures auparavant, & nos gens
repouffez par deux ou trois fois, les
ennemis vinrent fortifier celle que j'at-
taquois : ce qui caufa un combat furieux & fi long, qu'il dura plus de fix
heures. Mais enfin, aprés avoir perdu
beaucoup d'Officiers & de foldats, je
me rendis maître non-feulement d'une
partie de cette demie-lune, mais de
toute la piece entiere, & en barricaday
& fermay la gorge avec tant de bon-

* Arras.

heur, que le lendemain les Officiers des
deux armées vinrent voir cela comme
un fuccés extraordinaire ; mais felon le
retour des chofes du monde, cinq jours
aprés les ennemis attaquérent fi vive-
ment par cette même gorge cette demie
lune, qu'ils s'en rendirent les maîtres.
Or comme le hazard m'avoit porté au
quartier general qui en eftoit le plus
proche, & que je prenois part à la
confervation de cette piece, qui m'a-
voit donné tant de joye ; je m'y en al-
lay à toute bride avec quatre de mes
Officiers, & y trouvay le dernier des
defordres ; tous les corps difperfez,
n'y ayant pas quatre hommes enfemble. Ce qui m'obligea de commencer
par rallier tout ce que je pûs : & aprés
avoir fait un corps d'Officiers, de volontaires & de gens ramaffez, un Capitaine Suiffe & moy nous mîmes à la
tefte, & defcendans dans le foffé de la
demie-lune l'épée à la main, les ennemis firent une décharge fur nous à
bout portant, où je reçûs la plus grande bleffure que l'on puiffe reçevoir fans
mourir, & en même temps, ils lâ-
cherent pied, & fe jetterent dans le
grand foffé.

La

La quatriéme de ces joyes fut de m'ê-
tre fauvé au milieu de mille difficultez
d'une Ville *a* où j'eftois prifonnier, en
defcendant un baftion de dix-neuf toi-
fes de haut, de regagner enfuite ma
Place *b*, & me revoir au milieu de ma
famille, & de ceux que j'eftimois eftre
les meilleurs amis que j'euffe au monde. Mais deux jours aprés, par la plus
grande & la plus noire perfidie qui fut
jamais, je fus arrefté par ceux mefmes
qui auroient dû donner leur vie pour
moy, & remené dans la mefme prifon
d'où je m'étois échapé.

Que fi ces exemples ne fuffifent pour
faire connoiftre le peu de cas que l'on
doit faire des joyes paffageres de cette
vie, il eft difficile que chacun n'en ait
des expériences particulieres, qui luy
en doivent donner du mépris, pour peu
qu'il y faffe de réfléxion, & luy ouvrir
les yeux pour confiderer, que puifque
le repos de la confcience & notre ef-
poir en la mifericorde de Dieu, peuvent
feuls produire des joyes veritables, c'eft
là que nous devons les chercher, &
quelques avantageufes qu'elles foient,
ne les eftimer pas tant en elles-mefmes,
que parce qu'elles font comme des fe-

a Nancy.　　　*b* Moyenvic.

H

mences de ces parfaites & incomparables joyes, qui attendent dans le Ciel ceux, qui pour s'en rendre dignes, auront renoncé de bon cœur à toutes les vaines joyes de la terre.

CHAPITRE XXXV.

Il ne faut pas attendre à la vieillesse pour bien faire.

JE ne sçay si l'on a eu raison de dire, que l'expérience qui ne s'acquiert que par les années, en affoiblissant la memoire & l'imagination, fortifie le jugement & éclaircit l'intelligence : que lorsque la vigueur nous manque, il nous est plus facile de faire progrez dans la vertu, parce que notre corps est plus foible ; & qu'ainsi que le flambeau estant sur le point de s'éteindre rassemble tous ses rayons, & produit une lumiere plus éclatante ; de mesme notre ame soulagée des impetuositez du corps, réünit toutes ses forces, se détache des pensées de la terre, & s'éleve vers le Ciel, d'où elle a tiré son origine.

Voila de belles speculations : mais elles me sont fort suspectes. Car qui ne sçait que la conversion du pecheur

eſt un ouvrage de la grace, & une entreprife ſi difficile aprés avoir mal veſcu
durant tant de temps, que les forces qui
ſurpaſſent la nature ne ſe peuvent rencontrer dans ce dernier âge dénué de
toute vigueur.

Les ſages commencent de bonne
heure à travailler à bien faire ; ils employent leur jeuneſſe à ce grand deſſein ; & ne remettent point leur ſalut
aux efforts de la nature, mais plutoſt
au don de la grace qu'ils demandent
avec perſeverance. Ils trouvent la tranquillité de leur amé dans leur vieilleſſe : & ſes incommoditez au lieu de les
affliger les conſolent, parce qu'ils les
reçoivent ainſi qu'une penitence, &
les offrent à Dieu de tout leur cœur.
Ils achevent doucement leur courſe :
ils attendent la mort en paix, & eſtant
toûjours préparez à la recevoir, ils
ne font point ſurpris quand elle arrive.
Comme ils ſçavent qu'ils s'avancent
peu à peu vers la vieilleſſe, ils donnent toûjours ordre à cette affaire la
plus importante de toutes ; & parce
que les choſes ne ſemblent ſoudaines
qu'à ceux qui ne les prévoyent point,
ce malheur ne leur ſçauroit arriver,
puiſqu'ils n'ignorent pas que leur der-

niere heure ne peut eftre fort éloignée.
Ils ne fe font point imaginez, comme
la plufpart, que la vieilleffe leur fuft
un malheur ; & fçachant que l'on ne
marche que pour quelque fin, ils n'ont
pas fait comme ces fols qui déplorent
leur infortune lorfqu'ils font arrivez à
cette fin. Ils fe font mocquez de cette
extravagance ridicule, qui fait que chacun voulant vieillir, nul ne veut qu'on
les croye vieux. Les foibleffes de ceux
qui ont paffé toute leur vie dans le
peché, ne tombent point dans leur efprit, parce qu'ils ont vefcu dans la
vertu. Ils ne fe plaignent jamais des
fuites qui font attachées à la condition
humaine. Ils fçavent qu'il auroit fallu
ne point naiftre pour eftre exempt de
mourir, & croyant fermement l'immortalité de l'ame & la refurrection du
corps, ils n'en craignent pas la fépara-
tion, parce qu'elle fera la fource de leur
bonheur.

Les autres au contraire ne penfent jamais à ces véritez, ils ne s'éveillent que
quand le dormir de la mort s'approche :
ils commencent à fe plaindre lorfque
toutes les plaintes doivent ceffer, &
ne s'avifent de leur malheur que lorfqu'il eft fans remede. Leur amour pour

la vie est si violent, qu'il les agite à toute
heure dans l'apprehension qu'ils ont de
la perdre, ainsi que l'affection que l'on
porte à quelqu'un s'augmente, quand
on est sur le point de s'en séparer.

Il ne faut donc pas trouver étrange,
que les vieux mondains passent pour fols
au jugement mesme des gens du monde,
puisque n'ayant jamais rien fait pour
obtenir la grace de Dieu, ils retournent
en enfance dans leur vieillesse. L'apprehension qu'ils ont de passer pour vieux,
& de n'estre plus propres à rien, les portent à mille extravagances pour faire
les jeunes. Mais malgré tous leurs artifices, mille incommoditez les accablent,
ce qui les rend d'ordinaire chagrins &
insupportables.

Voyez, mon cher Lecteur, aprés cela
lequel de ces deux tableaux vous voulez choisir, pour le mettre dans votre
cabinet, afin qu'en le voyant à toute
heure, il imprime dans votre esprit les
sentimens qu'il represente.

Ce n'est pas que je ne croye que les
foiblesses de notre corps peuvent quelquefois donner de la force à notre esprit, en affoiblissant les passions d'où
naissent ses inquiétudes. Mais j'estime
qu'il faut qu'il y ait en cela de la prépa-

ration : que l'habitude au bien ait changé notre nature corrompuë, & que nos defirs ayent pris leur vol du cofté du Ciel, dans un temps où toute la nature contribuoit par fes charmes à nous faire aimer la terre.

Ainfi puifqu'il n'y a rien fi monftrueux que de voir un homme blanchi de vieilleffe avoit un efprit d'enfant, & eftre attaché aux illufions du monde, gardons-nous bien de joindre jamais ces deux extrémitez enfemble. Car outre que ce feroit renverfer l'ordre des chofes qui doivent toûjours avoir un milieu, nous ne pafferions pas feulement pour déreglez & pour ridicules, mais nous mettrions notre ame dans un péril manifefte.

Que tous ceux donc qui ont vieilly fans fonger qu'ils vieilliffoient, qui n'ont pas profité du temps, & qui ont négligé leur falut, reconnoiffent leur aveuglement : qu'ils prennent d'autres réfolutions, & renoncent de bon cœur au monde. Car encore que ce foit bien tard, il eft encore temps d'y remedier. Rien ne met fi fort en colere, & ne fait tant de honte à un vieillard déreglé, que de comparer fes defordres à la temperance & à la modération d'un jeune

homme; & il en est de mesme des peres
& des enfans : car comme l'honneur des
peres augmente l'infamie des enfans qui
vivent mal, la réputation des enfans qui
vivent bien accroist sans doute la colere
& la honte des peres libertins & déreglez.

Les vieillards ne doivent-ils pas se
representer, que si un tour de jardin les
lasse ; si un quart-d'heure qu'ils vont à
cheval les incommode, & s'ils ont si peu
d'appetit, que la moindre chose les ras-
fasie : à quoy bon de brusler d'un desir
insatiable, pour des choses dont ils ne
sçauroient joüir ; & qui ne servent qu'à
entretenir en eux un temperament froid
& sec, sujet aux craintes, aux soupçons,
aux ombrages, & aux autres miseres de
cet âge ? S'ils ont vécu dans la guerre,
qu'ils demandent à Dieu de leur vouloir
donner la paix : & de faire que le calme
du reste de leur vie ait quelque rapport
à l'Eternité : qu'ils fassent quelques réfle-
xions sur la vanité des desirs des hommes : qu'ils comptent les Rois, les Princes, les Favoris, les Capitaines & les Soldats qu'ils ont veu mourir, & dont il ne
reste qu'un mot dans l'Histoire, avantageux ou desavantageux, selon le caprice
de l'Historien.

H iiij

Que cette bienheureuse connoissance du néant des choses humaines, leur fasse donner de bon cœur à Dieu leur part du monde, afin que sa misericorde oubliant leurs fautes passées, les mette en état de luy plaire dans ce peu de temps qui leur reste encore pour achever leur carriere : qu'ils le prient sans cesse en la maniere que saint Paul l'enseigne : qu'ils aiment les pauvres comme leurs enfans, & envoyent au Ciel par leurs aumosnes, comme des provisions pour les y trouver lorsqu'ils y arriveront ; puisqu'à l'heure de la mort il n'y aura plus que ces sortes de biens qui soient à eux : & qu'ainsi en consacrant le reste de leurs jours à Dieu, ils puissent esperer de sa bonté que leur fin sera bien-heureuse.

CHAPITRE XXXVI.

De la Mort.

JE commenceray ce Chapitre par un avis très-salutaire, très-judicieux, & très-véritable, puisqu'il nous est donné par la souveraine & éternelle Verité : Songez à votre dernier jour, dit-elle,

& vous ne pecherez point ; difpofez de vos affaires , & donnez ordre à votre maifon, parce que vous mourrez, difoit le Prophete Ezechias. Il arrivera un jour dont vous ne verrez pas le lendemain, ou un matin dont vous ne verrez pas le foir. Car nous fommes tous fans exception condamnez à la mort. Et quoiqu'il femble que notre efprit ait trouvé moyen de s'affujettir la nature , & de triompher de toutes chofes , perfonne n'a jamais trouvé moyen de fe garantir de ce paffage fi terrible. La vie de l'homme peut eftre honnefte , reglée & tranquille ; mais elle ne peut jamais eftre immortelle, elle fe confume en un peu d'années, & les momens qui s'écoulent depuis notre entrée dans le monde , ne font qu'une diminution continuelle du temps qui la regle. Si-toft que nous naiffons, nous commençons de mourir : un jour chaffe l'autre, & ils reffemblent tous au fable de l'horloge, lequel eftant paffé l'heure eft achevée.

Encore fi l'on eftoit difpenfé de mourir par des actions genereufes : Si la vertu pouvoit mériter l'immortalité, & qu'il n'y eût que la canaille & les libertins qui defcendiffent dans le tombeau,

H v

ce pourroit eftre quelque chofe. Mais ce
decret éternel n'excepte perfonne , les
Thiares & les Sceptres, les grands cou-
rages & les plus excellens efprits y font
fujets, nul ne refifte à la mort : elle ne
pardonne ny à l'âge , ny au fexe, ny
aux vertus, ny aux dignitez. Un homme ne fçauroit gueres vivre plus de
quatre-vingt-dix ans ; & tous fes tre-
fors , fon induftrie, fa puiffance , & fes
amis ne fçauroient le porter plus loin.
Il faut que le corps , quoique nourry
avec toute la délicateffe & tout le foin
imaginable , perde l'ufage des fens , qu'il
fe corrompe, qu'il fe pourriffe , qu'il fe
change en vers, qu'il retourne en terre,
& devienne comme s'ils n'avoit jamais
efté.

Mais nonobftant ces veritez, il nous
femble que la mort eft pour les autres ,
& non pas pour nous : l'amour propre
qui flatte toûjours , cache autant qu'il
peut à notre efprit cette fin fi redoutable , en s'efforçant de luy figurer les
chofes comme il les defire. Mais lorfque
nous voyons dans l'Hiftoire l'établif-
femment des Monarchies , la fuite des
Papes, des Empereurs & des Rois, il
faut eftre bien ftupides pour ne fonger pas que tous ces grands hommes

n'eſtant plus, nous qui ne ſommes pas d'une condition ſi élevée, nous ne pouvons pas eſperer d'avoir une meilleure fortune ; qu'ainſi nous mourrons auſſi-bien qu'eux, & que les ſiécles à venir parleront de nous, comme nous parlons des ſiecles paſſez.

Combien reſtera-t'il dans cinquante ans de tous ceux qui vivent aujourd'huy. Et puiſque la vie de l'homme eſt de ſi peu de durée, pourquoy faut-il pour cela prendre tant de peines ? La maniere de la finir eſt la ſeule choſe qui eſt importante. C'eſt alors que tout le temps qu'elle a duré, quelque long qu'il ſoit ſe voit d'une ſeule veuë, & ne ſemble qu'un inſtant en comparaiſon de l'E-ternité : c'eſt alors que l'on ſe repent de n'avoir pas fait tout le bien que l'on a dû & pû faire : c'eſt alors que l'on regrette les graces que l'on a négligées : c'eſt alors que l'on conçoit de l'horreur des crimes que l'on a commis : & c'eſt alors que conſidérant les peines qu'on a meritées, on tremble en penſant qu'on va eſtre jugé par un Dieu qui voit dans les replis les plus cachez de notre cœur ; & dont la juſtice eſt iné-vitable.

Cela montre qu'on ne doit jamais

H vj

blesser sa confcience par aucune confideration humaine ni fe confier aux chofes périffables de ce monde qu'autant
qu'on le peut, fans fe mettre au hazard
de perdre le bonheur éternel de l'autre.
David, quoiqu'il fuft felon le cœur
de Dieu ; qu'il euft tant de fentiment
de fa prédeftination, & vécuft de la vie
de la grace, ne laiffoit pas néanmoins
de dire, que deux temps luy étoient
toûjours prefens ; mais principalement
le futur : Jay, dit-il, veillé toute la
nuit : J'ay efté troublé fans pouvoir parler : Je me fuis remis devant les yeux les
jours des fiécles paffez, & les longues
années de l'Eternité : J'ay examiné le
fond de mon cœur, & tafché de net-
toyer les taches de ma confcience. Si
ce faint Roy penfoit fi fouvent à la
mort : fi fon repos eftoit interrompu
durant la nuit par la confidération du
temps qui paffe, & de cette Eternité
qui ne paffera jamais ; que ne devons-
nous pas faire, malheureux pecheurs
que nous fommes, attachez à la terre,
enchantez par les plaifirs & les vanitez
du monde, & indignes feulement de
nommer le Nom de Dieu ?

Faifons donc que ces penfées jetten
un trouble falutaire dans nos ames par

une bonne & ferieufe méditation : permettons à nos perfecuteurs ordinaires
de nous tourmenter. Scrupule, finde-
refe, confcience, follicitez-nous, pref-
fez-nous à toute heure & à tout moment ; faites-nous une fi cruelle guerre,
que nous foyons contraints pour nous
défendre de rentrer en nous - mefmes,
de connoiftre notre néant, & de travailler à notre falut.

Ceux qui aiment fi fort le monde
qu'ils en font leur paradis, & fe mocquent avec orgueil des miferables, ont
grand befoin que ces illufions leur ou-
vrent les yeux, pour leur faire voir que
leur bonheur imaginaire paffera fi vifte,
qu'il n'y a pas moins de ftupidité que
de folie à preferer ce peu de temps à un
jamais qui m'effraye, quand je confidere qu'il eft fans bornes. Pour graver
cette vérité dans notre efprit, nous aurions befoin d'entendre fouvent ces paroles que l'Eglife dit aux Evefques le
jour de leur Sacre ; Que l'Eternité foit
toûjours prefente à votre memoire ; &
ces autres que l'on dit au Pape, lorfque le conduifant en cérémonie dans fa
Chapelle aprés fon élection, le Heraut
qui marche devant luy avec des étoupes
allumées qui fe confument en un mo-

ment, luy crie trois diverses fois : C'est ainsi, saint Pere, que se passe la gloire du monde.

Que ces veritez confirmées par l'exemple de tant de siécles, nous fassent donc mépriser non-seulement les biens mal acquis, mais tous les faux biens de la terre, pour nous arrester à cette promesse de Dieu : Je rempliray le Juste de jours ; & écrions-nous avec saint Bernard : Qu'y a-t'il de si long que ce qui ne peut jamais finir ? Ceux-là seuls joüiront d'une vie veritablement longue qui posséderont le Ciel. Et pour nous délivrer de la frayeur de la mort, concluons avec le mesme saint Bernard , que l'Eternité des Saints est une si riche possession, que le cœur de l'homme ne la peut comprendre.

CHAPITRE XXXVII.

Pratiques pour ne pas craindre la mort.

IL faut enfin arriver au lieu vers lequel on marche toûjours : & quoique dans ce chemin on saute & on danse , peu toutefois conserver cette gayeté en arrivant où ils n'avoient pas

deſſein d'aller, je veux dire aux portes
de la mort, parce que la pluſpart vivent jour à jour, que le preſent occupe
tout leur eſprit, & qu'ils ſont tellement eſclaves de la volupté & des faux
biens de ce monde, qu'ils ne penſent jamais à ce qu'ils deviendront à l'avenir.
Sur quoy je me ſuis réſolu de propoſer
dans ce Chapitre trois moyens ou trois
pratiques qui peuvent ce me ſemble cón-
tribuer à nous délivrer de la crainte ſi
fâcheuſe de la mort.

La premiere, eſt de conſiderer les tri-
ſtes effets que la mort opere en nous.
Car en ſéparant notre ame d'avec notre corps, elle nous dépoüille de nos richeſſes, nous ravit notre fortune, nous
prive de tous nos amis, & fait ceſſer à
notre égard tous les plaiſirs & toutes
les douceurs de la terre. Pour prevenir
tant de maux, il faut mourrir à nous mêmes, & renoncer de bon cœur à toutes
les choſes qui nous peuvent attacher
au monde. Car ſi nous voulons y bien
penſer, nous trouverons que c'eſt l'une
des principales cauſes qui fait que la
mort nous ſemble ſi redoutable. Et
partant ſi ſans attendre cette inévitable néceſſité qui nous obligera un jour
à tout quitter, nous le faiſons libre-

ment & de bonne heure en détachant nos affections de tous ces objets, nous n'aurons plus sujet de craindre d'en estre privez, ny par conséquent de craindre la mort.

La seconde pratique est d'éclaircir les affaires de notre ame, pendant notre vie. Quand un maistre a commis quelque chose de considérable à un serviteur qui s'en est fort mal acquitté, ce miserable est plus sur des épines, il ne peut dormir ny nuit ny jour, & ne sçait quelle excuse luy alleguer pour sa justification quand il luy demande son compte. Si nous avons donc toûjours travaillé pour la vanité, & n'avons rien fait pour ce grand maistre à qui nous devons tous nos services; si nous avons enfoüi le talent qu'il nous avoit confié, & mal ménagé ses graces ; & si nous avons abusé des creatures dont nous n'avions que le simple usage ; que luy dirons-nous quand il nous faudra comparoistre devant son épouventable tribunal ? Le remede à cela est d'examiner nous-mesmes rigoureusement tous les articles de ce compte, en examinant toutes les actions de notre vie, puisque ceux qui en usent ainsi vivent contens & n'ont point de peine à mourir.

La troisiéme pratique pour ne point craindre la mort, & qui comprend en quelque façon toutes les autres, c’est une véritable crainte de Dieu & de la rigueur de ses jugemens, laquelle fait évanoüir celle de la mort, lorsqu’elle est accompagnée d’une entiere confiance en sa bonté, parce qu’elle nous fait esperer en luy, & nous défier toûjours de nous-mesmes. La crainte de Dieu qui est le commencement de la Sagesse, & la marque la plus assurée d’une ame juste, fait que le juste vit en patience, meurt avec joye, & n’apprehende point la mort, dautant qu’il a la crainte de Dieu, & que celuy qui craint Dieu ne voit nulle autre chose qu’il doive craindre. Il ne craint donc point la mort, parce qu’il a employé toute sa vie pour apprendre à bien mourir. Il ne la craint point, parce qu’il l’a comme desarmée. Il ne la craint point, parce qu’il a travaillé de tout son pouvoir pour s’asseurer par ses bonnes œuvres la protection de Dieu contre elle. Il ne la craint point, parce que la mort n’est pas une mort à un homme de bien, mais plûtost la délivrance de ses peines & un heureux passage à la seule véritable vie. Et enfin il ne la craint point, parce que le souvenir de ses pechez ne le trouble pas, à cause qu'il en demande sans cesse pardon à Dieu. La rigueur du dernier jugement n'altere point son esprit, à cause qu'il se confie en la misericorde de son Redempteur, & les demons ne l'effrayent point, à cause qu'il sçait que Dieu étant pour luy, ils ne peuvent rien prétendre sur luy.

Que si on me dit que ceux qui perdent le jugement auparavant que de mourir, ne sont plus susceptibles de crainte, j'en demeure bien d'accord ; mais ils n'en ont pas pour cela moins de sujet, s'ils ne se sont préparez à ne pas craindre par ces pratiques que je viens de dire, ou autres semblables.

Je rapporteray icy à ce propos un accident qui m'arriva, & me fit presque passer à un autre vie, sans en avoir pû considerer le danger. Poussant à toute bride un cheval cravate très-vigoureux, il mit les deux pieds dans un fossé couvert d'herbes, qui luy fit faire la plus gande culbute qu'un cheval qui courre de toute sa force puisse faire. Il m'écrasa presque en tombant ; car il me fit donner de l'arçon dans l'estomach, dont le contre-coup répondit dans les reins, & après estre retombé deux fois sur moy, il

me laiffa ainfi pour mort. En cet état je
fus porté dans un village, où avec la
force du vinaigre jointe à la chaleur
du feu, on rappella mes efprits ; & peu
à peu le jugement me revint. Auparavant cela je ne fouffrois rien, quoique
j'eufle une idée confufe de quelque
chofe de funefte qui rouloit à l'entour
de moy que je ne pouvois difcerner : &
me trouvant dans une certaine noncha-
lance qui occupoit tous mes fens, je
reffentois quelque douceur comme il
arrivent à ceux qui s'endorment. Ce
qui m'a fait croire depuis que l'agonie
de la mort eft la mefme chofe, & que
l'ame alors n'a nulle penfée qui luy
donne de la peine. Mais cela empêche-
t'il qu'il ne faille toûjours nous tenir
prefts, afin que fi aux approches de la
mort notre jugement n'eft pas libre,
nous ne laiffions pas d'y eftre préparez
par l'ordre que nous aurons mis de
bonne heure aux affaires de notre confcience ; au lieu que ces Meffieurs qui
remettent toûjours à y penfer lorfque
la mort fera proche, fe trouvent accablez comme d'un coup de tonnerre,
quand quelque accident les rend incapables de connoiftre le péril dans lequel
ils font. Feu Monfieur le Cardinal de

la Valette connut bien cela. Car estant
frappé de sa derniere maladie, il demanda à l'un de ses amis qui s'estoit autrefois veu à l'extrémité, si en cet estat
l'ame est fort libre pour penser à Dieu ;
celuy-cy luy ayant répondu que non,
dautant que les souffrances, les inquiétudes, & la foiblesse en étouffent presque tout le sentiment ; il travailla à s'y
préparer & fort à propos, car il mourut
de la maniere qu'on luy avoit prédit.

Il me semble que je me suis acquitté
selon mon peu de capacité de ce que
j'avois promis, puisque par ce que j'ay
dit, il est évident que ceux qui ont
vescu dans les voluptez sans rien dénier
à leurs sens, & n'ont jamais crû que
la vie pust estre ennuyeuse, ne sçauroient, lorsque la mort les surprend,
n'estre point réduits au desespoir. Que
leur aveuglement est déplorable de négliger ainsi leur salut en négligeant de
servir Dieu ! de se mocquer le matin
de la mort, & de la rencontrer le soir !
& qu'au contraire ceux-là sont heureux, qui en méprisant le monde re-
glent leurs actions pour se préparer à en
rendre compte, & pour ne s'attacher
qu'à Dieu seul ! Outre qu'ils n'ont plus
rien à craindre, ils avoüeront, je m'as-

fure, qu'une heure d'entretien avec luy dans leur jardin, une retraite dans leur cabinet pour s'y mettre en fa prefence, leur donne une confolation que les biens de la nature & de la fortune ne fçauroient donner.

Que fi donc les gens de bien par une ferme efpérance, poffédent dés cette vie les richeffes du Ciel, méprifent celles de la terre, & fe garantiffent par ce moyen des furprifes & des frayeurs de la mort: n'ay-je pas raifon de dire que pour joüir du mefme bonheur, il faut imiter leur exemple ? & que ce fera alors que nous éprouverons la vérité de cette promeffe de Dieu, qu'il n'abandonne jamais, ni en la vie, ni en la mort, ceux qui mettent toute leur efpérance en fa bonté.

CHAPITRE XXXVIII.

De la vanité des gens du monde, qui fe termine par la mort.

C'EST une maxime infaillible que tout ce qui eft compofé doit prendre fin, & que les chofes ont plus ou moins de durée felon l'ordre prefcrit de vant tous les temps par celuy qui leur a marqué leur terme. La mort cette puiſ-ſante ennemie de la fortune des gens du monde , briſe comme du verre ce qui paroiſſoit eſtre de bronze ou de diamant , & abaiſſe toutes les grandeurs qui ne ſont fondées que ſur les biens de la terre : de meſme que cette petite pierre dont il eſt parlé dans l'Ecriture, renverſa & réduiſit en poudre la ſuperbe ſtatuë de Nabuchodonoſor, qui eſtant compoſée d'or , d'argent, de cuivre & de fer , ſembloit eſtre ſi ſolide , mais dont les pieds n'eſtoient que d'argille.

Il ſemble que Dieu ſe ſert de la mort pour chaſtier l'orgueil de ces vaines créatures , comme il ſe ſert du tonnerre pour foudroyer les montagnes & les rochers. Il ne faut que conſiderer les plus hautes fortunes du monde, & on verra que leur courte durée ſe termine avec la vie des perſonnes qui les poſſedent : ce qui fait que l'on a raiſon de les comparer à une fuſée ; il n'y a rien de ſi beau la nuit que de la voir monter vers le Ciel , & ſemer tout l'air d'étoiles : mais elle n'eſt pas plûtoſt arrivée au terme qui luy eſt marqué par la vertu qui la pouſſe , qu'elle s'éteint pour jamais, & se convertit en fumée. De mesme un homme dans sa haute faveur, fait sa course avec violence, & jette de certains rayons qui éblouïssent les yeux de ceux qui l'approchent ; mais ne regardant que soy-mesme , & sa propre lumiere l'éblouïssant, il se consume avec elle presqu'aussi-tost qu'il commence à luire. Car à bien juger des choses, vingt, trente, quarante années sont beaucoup moins à l'égard de l'éternité, que ne sont à l'égard d'un siécle les momens qu'une fusée dure.

Le grand Cardinal de Richelieu avoit accoustumé de dire sur ce sujet, qu'un Favory n'est autre chose qu'une poignée de poussiere , que le Prince éleve quelquefois mesme pardessus sa teste, autour de laquelle voltigent sans cesse une infinité de moucherons : mais qu'il n'ouvre pas plûtost la main que cette poussiere tombe , & se dissipe de telle sorte, qu'il n'en reste rien , & que les moucherons qui l'environnoient, c'est à dire les Courtisans qui l'adoroient, s'écartent comme elle de tous costez en l'abandonnant aussi-tost que le Prince l'abandonne. D'autres ont comparé le Favory à l'Arc-en-Ciel. Ce signe suspendu en l'air semble estre si glorieux

de l'éclat de tant de brillantes & vives
couleurs qui l'embellissent, qu'il ne regarde la terre qu'avec mépris , quoy
qu'en apparence elle le soûtienne, &
qu'il paroisse la toucher de ses deux
extremitez. Mais le nuage auquel avec
le rayon du soleil il doit tout son estre,
n'est pas plûtost dissipé , qu'il disparoist
au mesme moment. Voila à quoy se terminent toutes les grandeurs de la Cour
& toute l'élevation des gens du monde. La mort applanit & égale tout ;
ceux que la naissance & la fortune ont
élevez au dessus des autres , ne sont pas
plus qu'eux dans le tombeau. C'est à
quoy les grands de la terre & les favoris devroient penser à toute heure ; mais
c'est à quoy ordinairement ils pensent
le moins : la mort les surprend le plus
souvent au milieu de leur grandeur , &
au plus haut point de leur fortune, &
les traite comme ces pauvres criminels
à qui sur le champ on fait le procés ;
& que l'on exécute aussi-tost que leur
Arrest leur a esté prononcé. Mais puisque leur prosperité les ébloüit de telle
sorte qu'ils ne songent à rien moins
qu'à la nécessité de mourir ; faut-il s'é-
tonner s'ils sont surpris & traitez avec
plus de rigueur & de severité que les autres,

tres, en tombant par une mort impre-
veuë, & se trouvant à la fin de leur carriere lorsqu'ils ne pensoient estre qu'au
commencement.

En verité la sortie du monde est un
voyage qui mérite bien que l'on s'y prépare de bonne heure : il ne faut rien oublier avant que de partir, puisqu'il seroit
inutile de s'en souvenir après ; ce voyage ne se faisant qu'une fois, les fautes en
sont irreparables, & un seul faux pas
peut causer une chûte dont on ne se rele-
ve jamais : joint que c'est un voyage
qu'on ne sçauroit éviter, & dont le retour est impossible.

J'avouë que la mort d'elle-mesme est
une chose indifferente, puisqu'elle n'est
bonne ou mauvaise que selon la bonté
ou la malice de ceux qui meurent. L'E-
criture-Sainte nous apprenant qu'ainsi
que la mort des pecheurs est effroyable,
celle des justes est très-précieuse devant
Dieu.

Il faut donc bien vivre pour bien
mourir : il faut mépriser la gloire du
monde ; se tenir prest à toute heure, &
croire que chaque jour de notre vie est
le dernier. En cet état on ne craindra
point la mort, & comme selon Aristote,
c'est la chose du monde la plus redouta-

I

ble, on ne craindra plus rien lorſqu'on ne la craindra plus.

David compare ceux qne le ſiécle nomme bienheureux, à un homme qui ſonge en dormant qu'il eſt comblé de richeſſes, & qui à ſon réveil ſe trouve dans la pauvreté. Ceux-là en éprouvent bien l'effet, qui après avoir paſſé leurs jours dans les délices, eſté idolâtres de la fortune, & fait leur capital des biens du monde, connoiſſent à l'heure de la mort en les perdant, que ce ne ſont que des ombres qui paſſent avec la vie. Saint Bernard nous repreſente cette miſere, lorſqu'il dit que l'homme eſt né de corruption : que c'eſt un ſac rempli d'ordure durant ſa vie, & qu'il doit eſtre la paſture des vers après ſa mort, & peut-eſtre un tiſon d'enfer.

J'avoüe que cette ſeule penſée de la certitude de la mort, me dégoute de tous les plaiſirs des ſens. O mort que ton ſouvenir eſt amer ! dit le Sage, puiſque toutes les douceurs du monde ne ſont pas capables d'adoucir cette amertume, Que ſi l'on ajoûte à ce que j'ay dit, que les grandeurs & les contentemens du monde durent ſi peu, que courant inceſſamment comme nous faiſons tous à la mort, on n'a pas le loiſir de les

goûter: chacun doit confeſſer avec moy,
que la vanité des hommes eſt une choſe bien ridicule, & que le repos de
la conſcience vaut incomparablement
mieux que tout ce que la plus haute
ambition nous peut faire concevoir, &
la plus grande fortune nous peut acquerir.

C H A P I T R E   X X X I X.

De la connoiſſance de nous-mêmes.

LE plus ſage conſeil, mais le plus
mal pratiqué de tous, eſt de s'étudier
à ſe bien connoiſtre. Cette connoiſſance
eſt le fondement de la ſageſſe, & la
vraye ſcience de l'homme : Car quand
vous excelleriez dans la Theologie &
dans les autres ſciences les plus élevées;
ſi vous vous ignorez, vous ne ſçavez
rien. Auſſi feray-je toûjours plus d'état
d'un pauvre Païſan qui n'a jamais eſté à
l'école, & qui ſe connoiſt, que du plus
grand Docteur de la terre, qui ſçait tout,
& qui ne ſe connoiſt pas.

Quand cette connoiſſance de nous-

mefmes, ne nous apporteroit point d'autre profit que de nous faire arriver plus
facilement à la connoiffance de Dieu,
ne feroit-ce pas trop pour nous obliger
à employer toute notre vie à l'acquerir, puifque cette connoiffance eft le
commencement & la fin de notre bonheur ? Mais elle produit auffi outre cela
mille autres excellens effets : car elle
nous rend humbles & prudens : elle fait
que nous ne méprifons perfonne, mais
que nous refpectons tout le monde, que
nous avons compaffion des miferables,
que nous nous défions de nous-mefmes,
& que nous nous corrigeõs de nos défauts.

Or d'où viennent tous nos malheurs,
finon de l'ignorance de nous-mefmes ?
Les grands fe rendroient-ils odieux, &
les petits deviendroient-ils infolens, fi
les uns & les autres fe connoiffoient
bien ? J'avouë que cette fcience n'eft pas
la plus éclatante, elle eft au contraire
fombre & ofcure, parce qu'elle eft profonde & folide : mais c'eft la plus neceffaire auffi bien que la plus rare de toutes. Car dites-moy, je vous prie, y a t'il
beaucoup de gens à la Cour, à la Ville,
& à la campagne, qui s'appliquent ferieu-
fement à fe bien connoiftre ?

Depuis que je vois le monde, j'ay remarqué que plusieurs travaillent à vouloir connoistre les autres : mais personne
ne tourne les yeux sur soy-mesme pour
se bien connoistre. Nous avons la curio-
sité de sçavoir ce qui se passe dans tous
les endroits du monde ; & nous ne nous
enquerons point de ce qui se passe dans
nous, en faisant une serieuse réfléxion
sur nos actions.

Les femmes qui sont si attachées à
leurs miroirs pour voir cette beauté
exterieure dont elles sont idolâtres, ne
daignent entrer dans elles-mesmes pour
considerer, ainsi que dans un miroir fi-
dele, quelle est la beauté ou la laideur
de leur ame, afin de se corriger de leurs
défauts avec autant de soin qu'elles en
prennent pour reparer ceux de leur visage. On les offenseroit si en passant
auprés d'elles on ne les regardoit point,
& elles ne veulent pas prendre la peine de se regarder d'une maniere par laquelle il leur importe de tout de se bien
voir ; je ne dis pas à toutes les heures
& tous les jours, mais non pas mesme
une fois la semaine, une fois le mois, une
fois l'année. Elles ressemblent à l'œil
qui voit tout, & ne se voit pas luy-
mesme.

Il y a tant d'Univerſitez où l'on en‑
ſeigne les ſciences, tant de Maiſtres qui
montrent les exercices ; & perſonne ne
fait profeſſion d'enſeigner à ſe connoî‑
tre ſoy-mêmc, quoique ce ſoit la choſe
de toutes la plus utile. Cela ne nous ex‑
cuſe pas néanmoins de l'ignorer, puiſ‑
que nous pouvons l'acquerir ſans ſor‑
tir denous-mêmes, & ſans l'aſſiſtance des
autres. Nous n'avons qu'à ſuivre la
trace de nos paſſions, comme on ſuit là
piſte des beſtes ſauvages, pour voir où
nous emporte l'amour, la haine, le de‑
ſir, la crainte, la joye, la triſteſſe, &
particulierement la colere, qui eſt quel‑
quefois ſi violente & ſi furieuſe, qu'elle
produit les effets du monde les plus tra‑
giques.

Que ſi l'on s'étudioit de bonne heure
à conſiderer les malheurs que cauſent
ces paſſions déreglées, & toutes leurs
circonſtances, on les verroit venir de
loin ; & ainſi n'eſtant pas ſurpris par
leurs premieres attaques, notre reſiſtan‑
ce ralentiroit au moins leur impetuoſi‑
té, ſi nous ne pouvons entierement la
ſurmonter. Car elles ne nous tuent pas
d'abord, avant que de nous combattre
elles nous menacent ; & le ſouvenir des
dangers que nous avons courus & évi‑

fez, peut beaucoup fervir à nous donner la connoiffance de nous-mefmes.

Mais il ne fuffit pas pour fçavoir ce que nous fommes, de confiderer en gé-néral les miferes de notre condition, dont les Rois mefmes ne font pas exemts: il faut examiner en particulier toutes nos foibleffes, qui à parler veritablement font prefques infinies. Car qu'y a-t'il de plus inconftant dans le monde qu'un homme? Il change de condition, d'hu-meur, d'opinions, de fantaifies, de pen-fées, d'affections, d'inclinations, & enfin de tout. Il femble qne fon exercice con-tinuel durant tout le cours de fa vie, ne foit autre chofe que vouloir & ne vou-loir pas, aimer & haïr, flatter & menacer, pleurer & rire, fe mettre en colere, & s'appaifer, tomber & fe relever, oublier, & apprendre, admirer & méprifer, & ainfi du refte.

Confiderons donc bien toutes ces chofes, & travaillons tout de bon à ac-querir la connoiffance de nous-mefmes, puifque c'eft la fcience des fciences, & la plus importante de toutes. D'autant plus qu'elle eft rare & difficile à acquerir: demandons la avec plus d'inftance à Dieu qui eft le maiftre des fciences, & difons-luy avec faint Auguftin : Seigneur, que

I iiij

je vous connoisse & me connoisse, afin
que je vous aime & me haïsse, que je vous
glorifie & m'humilie.

CHAPITRE XL.

Des foiblesses de l'homme.

QUELQUE discret, quelque sage
& quelque moderé que soit un
homme, il ne laisse pas toutefois d'ê-
tre homme. Ses bonnes qualitez acqui-
ses n'étouffent pas entierement ses imperfections naturelles ; car qui dit homme, dit une créature sujette à une infinité des miseres. Ainsi en considerant
les choses selon la verité, il n'y a rien
dans le monde qui ait moins de-repos
& plus de foiblesse que nous. Notre
memoire, notre jugement, & notre
prévoyance mesme, qui sont des qualitez si avantageuses, y contribuent ;
car il y a toûjours quelque souvenir
qui nous inquiéte, quelque tristesse qui
nous afflige, & quelque crainte qui
nous trouble. Non-seulement le present nous fâche, mais nous nous tour-
mentons encore de l'avenir ; & mesme
de ce qui n'est plus & de ce qui ne re-

viendra jamais. Il femble à voir nos empreffemens, que nous apprehendons de n'eftre pas affez malheureux : fi nous fommes joyeux le matin, nous fommes triftes le foir & nous mourons mefme par avance.

La condition des beftes eft en quelque forte plus avantageufe que la nôtre, en ce qu'elle leur donne plus de repos : Elles fe croyent en feureté quand elles ont évité les dangers prefens, & ne font triftes que lorqu'elles font malades ou maltraitées : Au lieu qu'au contraire il femble que nous n'employons notre efprit que contre nous-mefmes : ce qui fait fouvent que notre profperité eft pour nous une fource d'inquiétude. Car quoiqu'il paroiffe eftre plus difficile de fupporter les chofes plus facheufes que de fe paffer des agréables, & qu'on n'ait pas tant de peine à fe moderer dans la joye qu'à conferver l'égalité de l'efprit dans l'affliction ; néanmoins la bonne fortune eft plus difficile à fupporter que la mauvaife ; & il y a plus de peine à fe bien conduire dans la faveur que dans la difgrace.

De mille hommes il ne s'en trouve pas quatre qui n'ayent de grandes foi-

blesses. L'inclination à la legereté, & la
pente au vice, livrent de continuels af-
sauts à noftre ame. Les femmes particulierement, l'ambition, l'avarice, le jeu
& le vin font de redoutables ennemis.
J'avoüe que la tyrannie de ce dernier
m'épouvante, d'autant plus que la providence m'a établi dans un païs, où j'en
ay remarqué à toute heure les déplora-
bles effets. Les autres vices alterent l'entendement, mais celuy-cy le renverfe
tout-à-fait : Il rend l'homme ridicule &
furieux tout-enfemble ; il le fait paffer au
rang des beftes, & lors même que ces
malheureux, qui font habitude d'une paffion fi brûlante, femblent revenir à leur
bon fens, leur raifon fe trouve fi affoi-
blie qu'ils demeurent tout hebetez.

Nous fommes fujets non-feulement à
tant de pechez, mais auffi à tant d'autres défauts, & à tant de maladies, que
cette multitude & cette diverfité m'effrayent. Il y en a de fi bizarres & de fi
violentes, qu'elles affoibliffent la memoire de quelques-uns, jufques à leur faire
oublier leur propre nom ; & de legeres
bleffures font perdre le jugement à d'autres. L'homme n'eft-il donc pas bien à
plaindre d'eftre le fujet de tant de miferes & de foibleffes ; & fon orgueil ne

devroit-il pas s'humilier à la vûë de tant d'imperfections ?

Que s'il se trouve des amis qui par un courage extraordinaire, joint à une profonde humilité, s'élevent au dessus de ces foiblesses, sans que la vanité & l'ambition en soient la cause, ainsi qu'on la vû dans les Martyrs ; il faut que les plus libertins avoüent que ces vertus si extraordinaires ne peuvent tirer leur origine que d'une grace de Dieu toute extraordinaire, puisque ny les Philosophes Payens, ny les Conquerans, n'ont jamais pû joindre ensemble ces deux qualitez ; leurs travaux & leur courage n'ayant eu pour fondement que leur orgueil.

Puis donc que l'homme naturellement est si imparfait & si foible qu'il n'est capable par luy-mesme d'aucun bien, & qu'il ignore tout ce qu'il devroit sçavoir, quoy qu'il pense sçavoir toutes choses ; on le peut comparer à ces stupides qui n'ayant rien entendu à un Sermon, disent que le Predicateur a fait merveilles. Prions Dieu que cette connoissance de notre misere nous porte à n'avoir autre desir que celuy d'acquerir le Ciel, & méprisant cette Philosophie, qui ne nous propose que l'incertitude &

le doute, soûmettons avec respect notre
fragilité, notre legereté & notre inconstance à la volonté de celuy dont la sagesse éternelle regle toutes choses.

CHAPITRE XLI.

De la diversité des sentimens.

JE ne sçaurois assez m'étonner de voir
qu'on ne peut asseoir aucun jugement
sur les maximes les plus ordinaires, tant
la fantaisie des hommes produit de sentimens contraires. Les uns tremblent
d'entendre seulement nommer la mort,
la considerant comme la plus terrible des
choses terribles : & les autres la regardent comme la fin de leurs travaux & le
remede à tous les maux de la vie.

On voit tous les jours parmy les Juges, que quoy qu'ils ayent pour regle les
mesmes coûtumes & les mesmes ordon-
nances, ils sont de differentes opinions.
Ce qui fait que dans un mesme Parlement, & quelquefois pardevant les mesmes Juges, une Requeste Civile, ou la
revision d'un procés, le fait gagner à celuy qui l'avoit perdu, & que leurs Arrests en produisent une infinité d'autres
tous dissemblables.

Dans les sciences & dans presque tout
le reste, c'est la mesme chose. Les loix de la
religion, de la justice, & de l'honneur,
qui devroient estre conformes, ne le font
point ; l'honneur condamne celuy qui
endure qu'on luy fasse tort, & la Justice
le punit lorsqu'il s'en vange. La profession des armes oblige à ne souffrir point
d'injures ; & le Christianisme nous oblige non-seulement à les souffrir, mais
à aimer ceux qui nous les font. Tellement que celuy qui implore le secours
des loix pour avoir raison d'une offense, s'expose à quelque sorte de deshon-
neur : & celuy qui se veut faire justice à
luy-mesme, est condamné & puni par les
mesmes loix.

Les maximes de la guerre ne s'ac-
cordent pas non plus. On voit tous les
jours que le mesme dessein qui a succe-
dé heureusement à l'un, estant executé
dans les mesmes circonstances & par les
mesmes regles, jette l'autre dans le malheur. L'histoire blasme Philippes II. de
n'avoir pas sçû se servir de l'avantage
qu'il eut contre nous à saint Quen-
tin. On reproche la mesme chose au
Prince d'Orange à Nieuport, & au
Marquis d'Ayetone à Lerida. Quantité
d'exemples ont fait voir au contraire

en mille rencontres que ces pourſuites
de la victoire n'ont pas toûjours réuſſi,
que pluſieurs s'en ſont mal trouvez,
& qu'on doit faire un pont d'or à ſes
ennemis pour ne les pas pouſſer dans
le deſeſpoir ; rien n'eſtant ſi perilleux
que d'attaquer des gens dont tout le
ſalut conſiſte à n'eſperer plus aucun
ſalut. Depuis que l'on fait la guerre on
eſt encore à réſoudre ſi dans une ba-
taille rangée, ou dans un autre combat,
on doit attendre de pied ferme ſon ennemy, ou aller au devant de luy. Il y
a en cela du pour & du contre ; les
uns ſoûtiennent que des troupes ran-
gées en bon ordre, bien ſerrées, qui
conſervent leurs forces en elles-meſmes,
qui attendent de pied ferme l'ennemy,
& dont le jugement ne ſe perd point
par le mouvement, ont de l'avantage
ſur ceux qui les attaquent & qui ont
déja conſumé une partie de leur ha-
leine en venant à eux, outre qu'il eſt
impoſſible qu'une armée qui eſt un
corps compoſé de tant de diverſes pieces, ſe puiſſe mouvoir ſi à propos,
qu'elle n'altere ſon ordre ou ne le rom-
pe. Les autres diſent au contraire que
cette immobilité affoiblit l'ardeur des
combattans, au lieu que le mouvement

l'augmente par son impetuosité. On dis-
pute aussi à qui doit tirer le premier :
Car quelques-uns croyent que les deux
premiers rangs, ayant en tirant les premiers, tuez ou mis hors du combat la
teste de ceux qu'ils attaquent, ils ont
un grand avantage sur ceux qui restent.
Neanmoins ce n'est pas la pratique d'aujourd'huy : Et ce Prince, qui s'est fait
voir l'un des plus grands Capitaines du
monde, en un âge où c'est assez de gloire
aux autres de passer pour braves soldats,
& qui étant à la teste de nos Armées a pû
compter ses combats pour autant de victoires, n'a point gagné de batailles, où il
n'ait donné ordre à ses troupes de laisser
tirer ses ennemis les premiers.

C'est aussi le sentiment & la pratique
de cet autre grand Capitaine, né pour
le bonheur & la gloire de la France,
qui joignant une prudence si extraordinaire à son extrême valeur, qu'on ne
sçait lequel le plus admirer en luy, ou
son cœur ou son jugement, rend depuis
si long-temps dans le commandement
de nos Armées des services si signalez,
qu'il paroist bien que ce n'est pas à la
fortune qu'il faut attribuer les bons succés de ses entreprises.

Quant à la conservation si impor-

tante du Chef de l'armée , d'où dépend
sa bonne ou sa mauvaise fortune , plusieurs veulent qu'il soit travesti &
déguisé sur le point de la meslée, afin
que les ennemis ignorans où il est, ne
puissent employer contre luy leur plus
grand effort. Les autres soûtiennent
que c'est un très-mauvais conseil, parce
que cela oste aux siens le courage qu'ils
tiroient de sa présence.

Il en est ainsi de toutes les choses du
monde, ce qui seroit trop long à rapporter en particulier. Nous voyons mesme
que dans les occupations les moins se-
rieuses on ne s'accorde pas plus qu'-
ailleurs, ce qui plaist à l'un déplaist à
l'autre. L'Eglise au contraire estant une
en foy , & unie dans toutes les veri-
ritez qu'elle nous enseigne , elle tient les
esprits qui se soûmettent à elle dans
une parfaite union de cœur & de sentimens, & demeure inébranlable à tous
les efforts de ses adversaires. Ainsi si
nous voulons éviter les pernicieux effets
que la discorde produit sans cesse , demeurons unis à l'Eglise, suivons les maximes qu'elle nous enseigne ; & elle ne
nous feront pas moins avantageuses ,
qu'elles font véritables & saintes en
elles-mesmes.

Chapitre XLII.

Qu'il faut tenir sa parole.

PUISQUE les maximes d'honneur jointes à celles de la conscience, sont les veritables regles que nous sommes obligez de suivre dans notre conduite, & qu'il vaudroit mieux mourir mille fois que de manquer à notre devoir, il faut tenir inviolablement notre parole. C'est un nœud qui nous attache beaucoup plus fortement que celuy de la contrainte ; car pour rompre ce dernier, on peut se servir de la force & de l'artifice, au lieu que le premier est indissoluble.

Avant que les Notaires fussent connus dans le monde, on se tenoit beaucoup plus obligé par la simple parole & la bonne foy, que l'on ne l'est aujourd'huy par la force des Contrats, dont l'on trouve tous les jours des moyens pour se dédire ; & l'on est bien plus assuré d'un prisonnier de guerre, si c'est un homme de cœur, lorsqu'il a donné sa parole, que si on luy mettoit les fers aux pieds, parce que son honneur luy étant beaucoup plus cher que sa liberté,

il ne se résoudra jamais à perdre l'un pour
acquerir l'autre.

Il n'y a point de honte à rompre les
murs, & à forcer la porte d'une prison, ny
mesme à mettre le feu, pour essayer de se
sauver à la faveur du tumulte : mais il n'y
a rien de si lâche & de si honteux que de
manquer de parole. Plus nous sommes
fideles à la tenir, & plus nous imitons
Dieu, dont la parole est si ferme, & les
promesses si invariables, que le Ciel & la
Terre passeroient plûtost, qu'elles man-
quassent d'avoir leur effet.

Qui ne sçait que des paroles violées
ont esté cause de la désolation de plusieurs Villes, de la rüine de plusieurs
Provinces, & mesme du renversement de
quelques Royaumes. Nous ne sçaurions
donc trop detester un si grand défaut, ny
prendre une trop ferme résolution de
ne promettre jamais que ce que nous
voulons tenir. Par ce moyen nous nous
rendrons agréables à Dieu & aux hommes, & couvrirons de confusion ces
malheureux, qui n'ayant point de parole,
montrent bien qu'ils n'ont point de
cœur.

Néanmoins la fortune m'a conduit
dans un païs où ce devoir est si peu consideré, que les peuples en promettant

songent aux moyens de ne pas tenir ce qu'ils promettent ; & lorsqu'ils contra-Ctent, ils glissent des clauses qui font des semences de procés, afin de se garantir s'ils peuvent de l'execution de ces contrats. Cette contagion est si grande, que si Dieu ne m'eût fait la grace de m'assister particulierement pour m'en garantir, elle m'auroit peut-estre corrompu, ainsi que tant d'autres l'ont esté. Sur quoy j'avouë que je suis ravi d'être à Paris, non pas à cause de son extrême beauté, de son immense grandeur, & de son admirable diversité, ni parcequ'il est la gloire de la France, & l'une des merveilles du monde ; mais parceque la pluspart de ses habitans sont jaloux de leur parole. Ainsi quoy que cette puissante Ville soit incomparable, & qu'il s'y fasse plus de bien qu'en nul autre lieu de la terre, je ne sçaurois m'empêcher de la loüer, principalement à cause de sa candeur & de sa fidelité.

Je ne sçay si l'air que j'ay respiré le premier en venant au monde, m'inspire ces pensées pour elle ; mais je sçay bien que je ne voudrois nullement me rendre partisan de mes compatriotes, au préjudice de la verité. Je ne suis pas si attaché à mon pays, que pour en défendre l'hon-

neur je veüille interesser cette vertu.
Tout Ciel est le mesme à celuy qui aime
& qui craint Dieu ; & les alterations qui
se forment au dedans de nous par nos
passions, sont plus à craindre que la corruption des peuples, ou le mauvais air
des lieux que nous habitons.

CHAPITRE XLIII.

*Que la vie de l'homme de bien est sujette
à la persecution.*

C'EST une très-grande marque de
la prédestination d'un homme, que
d'estre persécuté sans sujet, & que nombre d'ennemis s'élevent contre luy par
un ordre secret de la Providence, qui
prend plaisir d'éprouver les siens. Les
méchans font toûjours la guerre aux
bons, ils trouvent à redire à toutes leurs
actions, & blasment mesme leurs pensées. Quoique leur vie soit innocente
& irreprochable, ils ne laissent pas de
la condamner & de la décrier par tout.
Comme ils ont l'esprit mal fait, ils tournent toutes choses de travers ; & semblables à des araignées ils convertissent
les fleurs en poison. Mais il ne faut pas

s'en étonner, puifque la vertu eft enviée auffi bien que la fortune, & que l'envie produit toûjours la médifance. Comme celuy qui marche au foleil eft accompagné de l'ombre; de mefme celuy qui marche par le chemin de la vertu & à la veuë de ce grand foleil de Juftice, a l'envie & la perfecution pour compagnes.

Il n'y a point de vertu fi éminente qui ne foit fujette à eftre perfecutée. Le Fils de Dieu, bien qu'étant l'innocence mefme, n'a t'il pas efté accufé & condamné : & aprés une injuftice fi prodigieufe, trouverons - nous étrange que nos actions foient cenfurées, & nos bonnes actions calomniées ? Pourquoy nous plaindrons - nous qu'on interprete tout ce que nous faifons en mauvaife part, puifque nous fçavons que le jugement eft toûjours perverti, lorfque la volonté eft dépravée : qu'on fe porte fort rarement à bien juger de fon prochain ; & que les penfées téméraires font les naturels enfans du peché ?

Au contraire c'eft un bon figne quand Dieu permet que l'on nous méprife, qu'on nous afflige, & qu'on nous déchire fans que nous en ayons donné fujet, puifqu'il a dit que bienheureux font ceux qui fouffrent pour la Juftice. Sans la persécution, notre Seigneur ne seroit pas noftre Sauveur ; & S. Eftienne n'auroit pas vû les Cieux ouverts, & JESUS-CHRIST preft à le recevoir. Tout ce que nous pouvons faire lorfque cela nous arrive, eft d'imiter ce Saint & le Saint des Saints, en fouffrant patiemment fans nous plaindre, & en laiffant la vengeance à Dieu.

Un homme de bien va toûjours d'un pas égal : il demeure ferme au milieu des vagues & de la tempefte : il ne s'étonne point de ce que l'on dit de luy ; & quand toutes les creatures auroient conjuré fa perte, il fçait que fon Createur le peut garantir de tous périls. David affure d'avoir vû l'effet de fes promeffes, lorfqu'il dit : J'ay efté jeune ; je fuis devenu vieux, & n'ay point vû que le Seigneur ait abandonné le Jufte, ni que fes enfans ayent efté reduits à l'aumône. Il eft vray, que comme Dieu nous appelle à luy, par des voyes qui nous font inconnuës : il arrive fouvent, que ce que nous eftimons eftre infortune, nous eft un grand bien. Tel fera fauvé, pour avoir efté perfecuté toute fa vie ; qui fe fût perdu s'il ne l'eût point efté : & ainfi nos plus grands ennemis nous font quelquefois plus utiles que nos amis.

Nous devons donc remercier Dieu,
quand on nous attaque avec violence:
& lorſque nos bons deſirs ſe fortifient à
meſure que la perſecution s'augmente,
c'eſt ſigne qu'il nous prépare des couronnes, & veut que nous les méritions,
en nous affermiſſant dans une vertu ſolide. Il fait comme un Général d'Armée
qui employe ſes meilleurs ſoldats dans
les occaſions perilleuſes, ſans que nuls
d'eux ſe pleignent qu'il leur faſſe tort;
mais au contraire ils ſe tiennent hono-
rez de cette marque de ſon eſtime qui
témoigne la connoiſſance qu'il a de leur
fidelité & de leur valeur.

Nous devons donc aimer nos perſé-
cuteurs: témoigner du cœur dans ces
rencontres, & croire que notre ame
après avoir ſi long-temps icy-bas eſté
agitée, joüira un jour dans le Ciel d'u-
ne éternelle tranquillité. On ne ſe ſouvient plus des dangers courus ſur la mer
quand on eſt arrivé au port; & le ſoldat fait vanité de comparer ſes avantu-
res, & de montrer les marques de ſes
bleſſures, lorſqu'il a contribué par ſa
valeur au bon ſuccés d'une glorieuſe
entrepriſe. Que ſi on combat ſi vaillamment en la preſence d'un Roy mortel; de quelle ſorte doit-on combattre

en la presence d'un Roy immortel, qui
ne voit pas seulement nos actions, mais
qui penetre tous les desseins de nos ennemis ? Quel sujet pourrions - nous avoir
de craindre, & de nous abandonner lâ-
chement à une fuite honteuse, puisqu'é-
tant assurez que nous sommes de l'armée de ce Tout- puissant Général, rien ne
nous doit paroistre impossible ?

Je connois un Gentilhomme, qui
dans le dessein qu'il avoit conçû de vivre entierrement soûmis à Dieu, & de
servir tout le monde, sans faire jamais
tort à personne, a esté méchamment
traversé & persecuté : cela alla jusqu'à
le vouloir faire passer pour aussi noir,
que ses accusateurs l'étoient dans leur
ame. Pour récompense de mille témoignages de franchise & d'amitié, ils
tâchoient de le faire croire coupable
d'un crime presque d'Etat, quoiqu'ils
sçussent en leur conscience qu'il n'a-
voit eû devant les yeux que son devoir
& son honneur. Il est vray que ce pro-
cédé suivy de tant d'ingratitude, fit que
quelquefois une partie de luy - mesme
trahissoit l'autre, & que ses premiers
mouvemens renversoient ses premieres
résolutions. Mais il est vray aussi que
cette émotion étant passée, il se moc-
quoit

quoit de l'injuſtice de ſes ennemis ; & que comme il ſçait que la vie des Saints n'a eſté qu'une perſécution continuelle, il demande jour & nuit à Dieu, de leur pouvoir reſſembler en toutes choſes.

Il y en a qui ſemblent n'eſtre nez que pour faire du mal à ceux qui leur font du bien ; mais le bien eſtant plus puiſſant que le mal, nous ne devons pas laiſſer de faire du bien, quoique l'on nous faſſe du mal. Car il ne faut pas que les méchans triomphent des bons, ny les reprouvez des prédeſtinez. L'Egliſe a-t'elle jamais eſté plus ſainte que lorſqu'elle a eſté perſecutée ? A-t'elle jamais eſté plus conſtante ? Et a-t'elle ceſſé de continuer dans l'exercice de la vraye Religion, & dans la pratique des vertus ? Il en doit eſtre de meſme d'une ame qui eſt entre les mains de Dieu : la perſécution ne doit rien diminuer de ſa pureté ni de ſon courage : au contraire elle doit paroiſtre au milieu des afflictions, comme un lys au milieu des épines, & s'eſtimer heureuſe de ſouffrir, ſçachant que c'eſt une marque de ſa prédeſtination éternelle.

Concluons donc, que ceux qui ſont injuſtement perſecutez en ce monde, ſeront récompenſez en l'autre, pourveu qu'ils ſouffrent avec conſtance, & ſe ré-

joüiffent d'avoir fujet d'efpérer par cette épreuve, qu'ils fe trouveront eftre du
nombre des Elûs.

CHAPITRE XLIV.

De la Providence.

QUoique Dieu ait gravé dans toutes
les créatures les traits de fa Providence, il s'eft pourtant trouvé des perfonnes qui ont voulu en douter , & ont
mieux aimé attribuer à des caufes cachées
& obfcures, des effets qui ne peuvent
partir que d'un principe tout de lumiere.
Mon deffein n'eft pas d'inftruire ces i-
gnorans volontaires , ni de traiter à fond
un fujet qui a donné de l'exercice aux
plus fçavans de chaque fiécle. Mais parce
que les chofes fenfibles font d'ordinaire
plus d'impreffion fur nos efprits ; & fouvent les exemples font plus éloquens que
les paroles , je pourray peut-eftre contribuer quelque chofe pour perfuader la
Providence de Dieu par le recit des accidens fi étranges qui me font arrivez, & de
la conduite miraculeufe qu'il a voulu tenir pour me délivrer des pieges qu'on
avoit tendus à mon inocence.

En effet, eût-il esté possible, si Dieu ne l'eût point permis pour des raisons qui me sont cachées, qu'une homme que la naissance oblige à faire une profession toute particuliere d'honneur, m'eût enlevé comme il a fait par des voyes non moins injustes & violentes qu'inoüies, un Gouvernement que mes longs services m'avoient acquis, & que je puis dire sans me flatter, m'avoir esté accordé par un Prince très-judicieux & très-juste, pour récompense de mon zele & de ma fidelité? Eût-il esté possible que cette personne ne m'eût donné en diverses rencontres des marques si éclatantes d'affection & d'estime, que pour me surprendre plus facilement par ces belles apparences ; & qu'il eût employé toute son industrie, pour me faire passer dans l'esprit de tout le monde pour ce que je ne passois pas mesme dans le sien, afin d'avoir quelque prétexte de me sacrifier à son ambition demesurée ? Eût-il été possible, si Dieu ne s'en étoit meslé, que j'eusse pû échaper, comme je fis, des mains de ceux qui me gardoient avec tant de soin & de rigueur, & d'un lieu d'où je ne pouvois apparemment me sauver que par un miracle ? Et enfin eût-il esté possible, qu'aprés avoir recouvré ma liberté, j'eusse rencontré de

K ij

nouvelles chaîfnes, & une feconde prifon
dans un lieu dont je devois abfolument
eftre le maiftre ; & qu'ainfi ma liberté mé
fut ravie par ceux-là mefme, qui pour mé
la conferver eftoient obligez de répandre
jufqu'à la derniere goutte de leur fang.

Je reconnois donc de bonne foy la Providence de Dieu , foit quand il exerce fa
juftice , ou qu'il fait éclater fa mifericorde. Je n'attribuë ma difgrace qu'à mes
pechez , & ma délivrance qu'a fa bonté.
Au mefme temps que m'expofant à la tyrannie d'un particulier il me traitoit en
Juge fevere, il me faifoit connoiftre qu'il
avoit pour moy les fentimens d'un vray
pere : il me femble qu'il ne m'a fait ava-
ler ce breuvage, qui me paroiffoit alors fi
amer, que pour me faire goûter enfuite,
avec davantage de plaifir , les douceurs
de fa bonté & de fa clemence. Combien
me fut agréable aprés eftre forty des
mains de mes ennemis, de paffer en celles
d'un Gouverneur d'une des plus importantes Places du Royaume , qui eft une
perfonne dont la haute fuffifance eft accompagnée d'une incroyable modeftie,
qui a toutes les grandes qualitez qui peuvent faire rencontrer dans un mefme fujet , un veritable homme d'honneur &
un excellent Capitaine , & qui ne devant

sa fortune qu'à son mérite & à la justice
de son Prince, fait par son éminente vertu que son siécle & sa patrie ne sont pas
moins redevables que luy à Loüis le Juste, des honneurs dont il a récompensé ses
grands services.

Disons donc hardiment, que ce n'est ni
le destin ni le hazard qui gouverne les
choses du monde, & que ceux qui se flattent de la créance d'estre sages, se trom-
pent en leurs jugemens, lorsqu'ils cherchent ailleurs que dans la Providence de
Dieu les raisons de tant d'effets, qu'ils ne
sont pas capables de comprendre. L'ordre qui se remarque dans tout l'Univers,
& qui n'est inconnu qu'à ceux qui ne
veulent pas le connoistre, est une preuve
de cette cause toute sage & toute-puis-
sante, qui se fait sentir à ceux-là mesme
qui la nient : quoique je demeure d'accord que les ressorts dont elle se sert pour
faire mouvoir ces merveilleuses machines, sont impénétrables à ceux mêmes qui
la reverent le plus.

CHAPITRE XLV.

De la Vengeance.

C'Est un doux & agréable, mais très-
violent sentiment que ce luy de la

vengeance. Il paroift fort naturel, &
néanmoins les plus tragiques évenemens
que l'Hiftoire nous rapporte, n'ont pour
caufe que la rage de cette cruelle, info-
lente & inhumaine paffion. Mais la Phi-
lofophie Chrétienne nous donne plufieurs préceptes pour refifter à fes efforts, & prétend nous en pouvoir rendre
les maiftres. Elle nous apprend que quelque douceur apparente qu'ait la vengeance, elle eft remplie d'amertume :
que le puiffant moyen de fe venger eft
de pardonner : que la clemence a rendu
plufieurs perfonnes illuftres, au lieu que
la vengeance a rendu odieux mefme des
Heros : que la pofterité a confacré cette
parole d'un grand Perfonnage qui difoit
n'oublier que les injures : que dans le
commerce des hommes rien ne doit eftre
fi commun que le pardon, parce que chacun en a befoin, & que nous ne pouvons
efperer que Dieu nous l'accorde, fi nous
le refufons à ceux qui font hommes
comme nous ; & enfin que les lâches &
les timides font les plus portez à la vengeance, la peur les rendans cruels, ainfi
que l'exemple des Tyrans l'a fait voir
dans tous les fiécles.

J'avouë néanmoins que toutes ces
raifons, quoique fi folides, ne font pas le

plus souvent assez fortes pour moderer
la fureur de cette farouche & brutale
passion, parce que l'idée continuelle de
l'offense qu'on nous a faite, nous trouble
l'esprit de telle sorte, que ne nous con-
noissans plus nous-mesmes, nous nous
trouvons incapables de recevoir les avis
que l'on nous donne, quelques salutaires
qu'ils puissent estre : & la connoissance
que j'ay de moy-mesme, me fait croire
qu'il n'y a que la seule grace de Dieu qui
en peut estre le remede : j'entends cette
grace efficace & victorieuse, qui par un
effet de la puissance infinie du Createur,
ne touche pas seulement, mais convertit
le cœur de la creature. Pour terracer une
ennemie si opiniâtre, il faut que Dieu imprime luy-mesme avec son doigt éternel
cette verité dans notre ame, que celuy
qui se venge sera traité au jour des vengeances du Seigneur de la mesme sorte
qu'il aura traité ses freres, étant raisonnable qu'il perisse comme il veut faire
perir les autres.

Je prie ceux qui liront cecy de se vouloir sonder eux-mesmes sur un sujet si important, & particulierement les femmes
& les vieillards : étant difficile, que comme leur temperament les porte davantage à la vengeance, ils n'ayent sinon tous,

K iiij

au moins une partie d'entr'eux, senti les é-
tincelles de cette ardente passion allumer
le feu dans leurs veines. En verité nous
ne sçaurions trop demander à Dieu, que
pour nous preserver d'un poison si dangereux, il nous prépare au combat avant
que nous nous y trouvions engagez, &
nous munisse durant le calme de tout ce
qui nous est nécessaire pour pouvoir resister à cette tempeste.

Ces véritez tirées de l'Ecriture-Sainte,
pourront estre utiles à mon avis, pour
graver dans notre esprit l'image de notre devoir sur ce sujet. Souvenez-vous
que n'étant qu'un homme vous ne devez
pas usurper le droit de Dieu qui s'est re-
servé la vengeance. Plusieurs se sont re-
pentis de s'être vengez, & jamais personne
ne d'avoir pardonné. Il y a de la lâcheté à
se laisser vaincre par la colere qui tire
aprés soy la vengeance. Il faut mettre des
charbons de feu sur la teste de nos ennemis en leur rendant le bien pour le mal.
Bienheureux ceux qui souffrent persécution pour la justice. Enfin, considerez ce
raisonnement, lequel à mon sens est invin-
cible. Ceux qui nous offensent sont ou
des Elûs ou des réprouvez. S'ils sont du
nombre de ces premiers, oserions-nous
bien haïr ceux que Dieu aimera éternel-

lement ; Et s'ils sont si malheureux que
de n'en pas estre, les flammes qui les de-
voreront éternellement ne seront-elles
pas capables d'étouffer en nous le desir
de la vengeance ?

CHAPITRE XLVI.

Que les souffrances nous sont plus utiles que la prosperité.

SAINT Paul nous apprend que ceux
qui veulent vivre avec pieté suivant
les préceptes de Jesus - Christ souffri-
ront la persecution. On secoüe les bons
arbres, afin d'en avoir le fruit ; & on ne
touche point aux steriles, parce qu'on les
déstine seulement à estre coupez en certain temps pour les mettre au feu, comme il se voit par l'exemple du figuier de
l'Evangile.

Les méchans sont comme ces arbres
steriles. On les souffre pendant leur vie :
ils joüissent des biens de la terre, & s'a-
bandonnent aux voluptez. Ils ne sçavent
ce que c'est que de souffrir : toutes choses
leur succedent à souhait ; on les honore,
on les flatte, & ils sont comme de petits
dieux dans le monde, mais enfin ils seront
ensevelis dans les flammes éternelles. Les

K v

gens de bien au contraire font ces bons
arbres qui aprés avoir été mal-traitez afin
d'en tirer du fruit, joüiront dans une
autre vie des félicitez de Dieu mefme.

Comme les méchans n'ont d'autre but,
ainfi que nous le voyons dans le Livre de
la Sageffe, que d'aneantir s'ils pouvoient
ceux qui font profeffion de la vraie Sageffe, parce que leurs actions font toutes
contraires aux leurs, & que la vie des
gens de bien les condamne ; ils s'éforcent
de ternir le luftre de leurs vertus par des
médifances continuelles. Mais faint Auguftin nous apprenant que la profperité
eft le plus grand malheur qui puiffe arriver aux méchans, il ne faut pas qu'ils
fe glorifient de joüir de toutes les douceurs de la vie, tandis qu'ils font fouffrir
les autres. Le Medecin qui defefpere de
fon malade, luy permet de manger tout
ce qu'il veut & le refufe à celuy qu'il efpere de guerir, ou qu'il veut conferver
dans la fanté. Dieu eft ce fouverain Medecin, qui refufant aux Juftes ce qui leur
pourroit plaire en ce monde, abandonne
les impies à leurs defirs, & fouffrent qu'ils
goûtent les contentemens & les profpe-
ritez de monde, parce que les vices ont
jetté de fi fortes racines dans leurs ames
qu'il ne refte plus aucune efperance de
leur falut.

Ce n'eſt pas que les méchans ne ſouffrent auſſi que'quefois; mais ils ſont comme le faux or qui ſe noircit, & ſe con-
ſume enfin dans le feu : au lieu que les
gens de bien ſont comme le bon or qui
s'y purifie & s'y rafine ; leur vertu deve-
nant d'autant plus éclatante , qu'elle eſt
plus perſecutée : & au lieu de s'abandonner à la triſteſſe & au murmure, leur cœur
eſt rempli de joye , parce qu'ils ne veulent
que ce que Dieu veut. Ainſi ſaint Paul
mettoit toute ſa gloire à ſouffrir, quoy
qu'il euſt eſté ravi juſqu'au troiſiéme
Ciel, & que Dieu luy euſt révélé des myſteres inéfables.

Ne nous eſt-ce pas trop d'honneur de
ſuivre dans les combats Jeſus - Chriſt
qui eſt notre Chef, & d'imiter ſa conſtance dans les plus grandes perſécutions;
ainſi que le grand Apoſtre témoigne qu'il
l'imitoit, & nous exhorte à ſuivre en cela
courageuſement ſon exemple.

La Religion Chrétienne ne promettant
à ceux qui veulent ſuivre ſes loix que mê-
pris & qu'afflictions ; quelle part les bons
Chrétiens peuvent-ils prétendre aux faveurs du monde ? Ne doivent-ils pas ſe
contenter de ce que le Ciel eſt leur partage ? Et peuvent-ils envier aux impies de
joüir de quelque proſperité durant cette

K vj

vie, aprés laquelle il ne leur reste plus
rien à esperer ?

C'est un effet de la Providence de Dieu
envers ses Elûs de les exposer aussi aux
outrages des méchans, de peur qu'ils ne
s'amusent, & ne s'attachent aux biens de
la terre ; ainsi qu'on voit durant l'Esté des
pellerins perdre quelquefois une grande
partie du jour, en s'arrestant à l'ombre
pour se rafraîchir, au lieu de continuer
leur chemin.

Pour tirer d'Egypte les enfans d'Israël,
& leur augmenter le desir d'aller en la
Terre qui leur avoit esté promise, Dieu
permit que Pharaon exerça sur eux des
rigueurs excessives : & Jacob qui ou-
blioit son païs durant que Laban le traitoit bien , ne conçût le desir d'y retourner, que lorsqu'il paya ses services d'ingratitude. Ainsi la prosperité fait perdre
les pensées de l'Eternité, & le souvenir
du Ciel qui est notre véritable patrie, où
l'Ecriture nous apprend qu'il faut arriver
par le moyen des tribulations. Puisque
le Prince des Apostres dit que nous sommes des pierres vivantes, il faut pour
nous rendre propres à estre employées
à l'édifice mystique de l'Eglise, souffrir
qu'on nous taille en retranchant tout ce
que nous pouvons avoir de superflu , &

que nous foyons accablez fous la pefen-
teur du marteau des perfecutions & des
fouffrances.

La vie de David fe paffa prefque toute
dans la guerre, & fut accompagnée de
mille travaux. Salomon au contraire vêcu toûjours dans la paix & dans les délices ; mais la tribulation rendit David
faint:au lieu que la profpérité de Salomon
fait que l'on doute de fon falut. Plus le déluge augmentoit, plus l'Arche s'élevoit
vers le Ciel : les parfums ne répendent jamais tant d'odeur que lorfqu'on les jette
dans le feu ; & l'agitation empefche l'air
& les eaux de fe corrompre.

Ce n'eft pas comme je l'ay déja dit, que
les bons fouffrent toûjours feuls, les méchans en ont quelquefois leur part ; mais
les effets en font bien contraires : d'où
vient qu'on les comparé au bled,qui quoy
que déja battu eft encore meflé dans l'aire
parmi la paille ; mais au moindre vent de
l'affliction, toute cette paille qui eft le
fymbole des méchans, eft diffipée, & le
bon grain demeure pour eftre mis & con-
fervé foigneufement dans les greniers du
divin pere de famille.

CHAPITRE XLVII.

Du peu de soin que les hommes ont de leur salut.

IL y a deux sortes de mauvais Chrétiens dont la difference mérite d'estre
remarquée, afin de ne nous tromper pas
dans le jugement que nous en faisons : les
uns voulans accommoder le monde avec
l'Evangile, disent que c'est une marque
de sagesse que de profiter du temps, de
cueillir des fleurs pendant qu'on le peut,
& de partager sa vie entre Dieu & le
monde. Les autres par une impieté encore plus horrible, ne veulent point de ce
partage, mais donnent tout au demon &
au siecle, desirent la terre pour leur possession éternelle, & se moquent de celle
du Paradis, parce qu'elle leur paroît trop
éloignée. Cependant parmi ceux qui tiennent ces discours, il s'en rencontre beaucoup qui ne manquent pas d'esprit. Ce
que j'avouë qui m'épouvente & me jette
à tous propos dans la pensée de cet abis-
me de la grace & de la predestination des
Elûs, voyant que les véritez du Ciel si peu
connuës & si fort méprisées par la pluspart des prudens du siecles, sont reçûës

avec respect par les ignorans qui sont simples, & par les habiles qui sont humbles.

O déplorable condition de l'esprit humain, tu m'est bien une preuve convaincante que Dieu n'avoit pas créé l'homme tel qu'il est, mais qu'il faut que quelque grand crime l'ait rendu si malheureux & si aveugle ! Car autrement les plus grands esprits devroient estre les plus capables de la connoissance de Dieu, & les plus passionnez pour leur salut ; au lieu que ce sont d'ordinaire ceux qui s'en éloignent d'avantage ; leur science également vaine & curieuse, estant comme un bandeau qui leur cache les secrets de l'Eternité. Ils preferent les choses perissables aux éternelles, le present tout malheureux qu'ils voyent qu'il est, à l'avenir, quelque heureux que la foy nous le represente: & sans se soucier du Ciel, ils voudroient prendre pour jamais racine dans cette terre maudite par le peché. S. Bernard les compare à un voyageur qui oubliant le lieu où il doit aller, lorsqu'il trouve une hostellerie qui luy plaist, ne penseroit qu'à s'y établir & à l'enrichir de tous les ornemens qui la luy pourroient rendre plus agréable ; ce qui n'empescheroit pas qu'au premier jour il ne fust contraint de la quitter.

Que si nous considérons que cette derniere heure qui doit finir notre vie, arrivera peut-estre demain, peut-estre aujourd'huy ; je croy qu'il seroit fort difficile que nous nous conduisions de la sorte. Celuy-là est bien insensé, dit le Sage,
qui pouvant racheter par le prix de quelque pénitence dans un temps bien court,
le hazard d'une chose aussi importante
qu'est notre ame, ne le fait pas.

Notre dessein capital devant donc
estre notre salut, nous devons aussi le préferer à toutes choses : & mesme si nous
avons quelque charité, nous sommes
obligez de travailler à celuy de notre
prochain, ainsi que Dieu nous le commande si souvent dans l'Ecriture. Pour
cet effet tâchons à graver dans son esprit
aussi bien que dans le nostre, que nous
avons une ame à sauver ; qu'il n'y a que
Dieu qui soit digne de remplir tout notre cœur : que toutes les choses creées
passent, & que tandis qu'elles durent
elles sont dans une continuelle inconftance; que celuy qui a possedé un Royaume durant cinquante ans, n'en est que plus
malheureux à l'heure de la mort, s'il n'a
bien vescu : & qu'enfin toute la gloire
d'un Chrétien consiste à mépriser la gloire du monde, pour imiter l'humilité de

celuy qui eſtant Dieu par ſa nature, n'a
pas dédaigné de ſe revêtir des infirmitez
de l'homme, afin de racheter les hommes.

CHAPITRE XLVIII.

De la Devotion.

LA véritable devotion n'eſt pas l'ouvrage de l'eſprit humain, ny un art
qui ſe puiſſe acquerir par notre étude.
Cette vertu, ou plûtoſt cette récompenſe de la vraye vertu, eſt une operation
du Saint-Eſprit dans notre cœur, & un
feu divin qu'il y répend & qu'il y nourrit
pour nous transformer en luy-meſme.
Quiconque eſt prévenu de cette grace,
ſe voit élevé audeſſus de toutes les choſes creées. Il regarde lé monde avec mépris; il en connoiſt les illuſions & les
folies; il ne tient compte de ſes promeſſes; & ſçachant que tout ſon éclat
eſt faux & trompeur, il demeure très-
perſuadé qu'il n'y a qu'un maiſtre qui
mérite d'eſtre ſervi, & qu'une grandeur
qui ſoit digne d'eſtre deſirée.

Dieu veut auſſi que nous tirions du
profit de la connoiſſance que la devotion
nous donne de ces véritez, afin que

nous attachant entierement à luy, & ne
travaillant que pour son service & pour
son honneur, il soit notre seul fin, & que
l'ayant toûjours present comme le témoin
perpetuel de nos actions, le juge de notre
vie, & l'appuy de notre foiblesse, nous
implorions sans cesse son assistance par de
courtes & de ferventes Oraisons. Mais
comme ce n'est pas un sentiment ordinaire ny qui dépende tout à fait de nous,
il faut s'humilier devant luy autant qu'il
nous est possible, & travailler continuellement pour l'acquerir.

Saint Paul considérant le malheur où
l'amour du monde fait tomber les hommes, dit qu'ils sont devenus fols en se
croyans sages, & ont changé la gloire du
Dieu incorruptible en l'image de l'homme qui est corruptible. C'est de cet épouventable désordre que procéde l'égare-
ment des indevots. Leur manie leur fait
croire que le temps qui ne s'employe pas
pour le monde ou pour contenter leurs
passions, est un temps perdu. Ils regardent ceux qui se donnent à Dieu, ainsi
que des insensez, qu'une profonde mélancolie a rendu ennemis d'eux-mesmes.
Ils les plaignent avec une charité diaboli-
que, & les accusent d'agir contre la prudence en se privant des plaisirs & des

contentemens de la vie, qui eſt le plus beau preſent que Dieu pouvoit faire aux hommes.

Voila la difference qui ſe trouve entre la paille & le bon grain, entre les Saints & les prophanes, entre les Elûs & les ré-prouvez. Ces malheureux ne conſidérent pas quel eſt le bonheur dont les gens de bien joüiſſent meſme dés cette vie, par la tranquillité & le repos de leur conſcien-ce, & la difference qui ſe trouve entre eux. En verité elle eſt merveilleuſe ; car les uns ſont maiſtres d'eux-mêmes : les au-tres eſclaves de leurs paſſions. Les uns ſe réjoüiſſent par le témoignage de ce qui ſe paſſe dans leur cœur : & les autres à moins que d'eſtre devenus inſenſibles par le peché, ſont inceſſamment rongez de remords. Les uns ſont inébranlables aux afflictions, les autres ſont abbatus par les moindres accidens de la fortune. Les prieres des uns ſont comme un parfum d'agréable odeur devant Dieu ; & celles des autres luy ſont un objet d'abomina-tion. La vie des uns ſe paſſe avec aſſuran-ce ſous l'appuy de ſa protection ſainte & paternelle, & la vie des autres comme eſtant abandonnée de ſon ſecours, de-meure expoſée à mille perils. Et enfin la vie des uns eſt calme & paiſible, & celle des autres eſt pleine de troubles & de frayeurs.

Ainſi quand ſans conſiderer les felici-tez éternelles, qui nous attendent dans une autre vie, & dont il ne faut pas eſtre Chrétien pour pouvoir douter, aprés qu'un Dieu & tant de Martyrs nous en ont confirmé les promeſſes par leur ſang, il ſuffit d'eſtre raiſonnable pour demeurer d'accord que la ſeule veritable joye & le ſeul veritable repos de la vie preſente ne ſe rencontre que dans le ſervice de Dieu.

Il me ſouvient d'avoir lû dans S. Am-broiſe, lorſqu'il parle de la maniere dont la pluſpart des hommes paſſent leur vie, que les jeunes gens ne travaillent qu'à ſe donner du plaiſir, diſans que c'eſt aux vieillards à penſer à la retraite & à faire penitence. Mais que lorſqu'eux-meſmes deviennent vieux, ils alleguent leurs infir-mitez pour ne ſonger qu'à leur repos, à leur ſanté, & à l'augmentation de leur bien; & qu'ainſi l'heure de la mort arrive ſans qu'ils ſe ſoient mis en devoir de s'y préparer par leurs bonnes œuvres.

Mais toutes les felicitez de la terre n'é-tant qu'une vapeur qui ſe diſſipe, qu'une roſée qui ſe deſſeiche, & qu'une fleur qui ſe flétrit; il faut eſtre bien aveuglez pour donner tout notre amour à ces phantô-

mes, & n'ouvrir les yeux de notre ame
que pour voir des choſes ſi peu dignes
d'eſtre regardées.

Celuy à qui ces conſidérations n'impriment aucune crainte, n'a point de foy,
ny par conſéquent de devotion : ou s'il
en a, c'eſt une foy morte, & une foy de
demon. Mais dans quelle horrible confu-
ſion ne ſe trouvera-t'il point lorſque des
ſupplices éternels luy feront connoiſtre
par ſa propre expérience, que le beſoin
de faire penitence de ſes pechez qui ne
luy avoit paru qu'une chimere, n'étoit
pour ſon malheur que trop véritable, &
que la devotion eſt le ſeul moyen qui
nous peut porter dans le deſir de cette
pénitence non ſeulement ſi utile, mais ſi
neceſſaire à tous les pecheurs.

C H A P I T R E XLIX.

Des Amis & de l'Amitié.

CHACUN demeure d'accord que
pour eſtre heureux il faut avoir des
Amis ; mais où les prendre, & quelle eſt
la region qu'ils habitent ? L'antiquité a
fait cette demande de temps en temps,
& ſoûtenu que c'étoit la choſe du mon-

de la plus rare, ceux mesmes qui en font profession, ignorans presque tous quelles font les qualitez & les avantages de cette vertu. Pour moy qui me suis hazardé de parler de diverses choses, je veux en dire icy ma pensée.

La bienveillance est une simple bonne volonté. L'affection est une inclination plus forte. L'amour est une passion violente, & l'amitié est une union d'esprits & de cœurs, qui ayant tout ce que ces trois autres ont d'avantageux & de loüable, n'a rien de ce qu'ils ont de défectueux & de foible, mais est toûjours accompagnée de douceur, de franchise, de sincerité, & d'une fidelité inviolable : ce qui la rend comme un rempart contre les assauts de la mauvaise fortune, & un remede contre les chagrins & les déplaisirs de la vie.

Sur ce portrait que j'ay ébauché à ma mode, jugeons, je vous prie, sans passion, des amis, & de l'amitié, & examinons les sujets qui en sont capables. Comme l'amitié doit faire la meilleure partie de notre bonheur, & qu'elle est fondée sur une mutuelle sympathie, on ne sçauroit avoir que peu d'amis. Car on peut bien estre amoureux sans estre aimé ; mais on ne sçauroit estre ami sans aimer & sans

eſtre aimé, puiſque cette relation fait
partie de l'eſſence de l'amitié. Ainſi il eſt
difficile que les grands & les favoris
ſoient propres à eſtre amis ; parce que
l'élevation de leur fortune les empeſche
de concevoir cette égalité de ſentiment
& d'affections qui doit eſtre entre les
amis, & fait qu'ils ne cherchent dans les
hommes que l'avancement de leurs deſſeins, & l'accroiſſement de leur grandeur.

Il y en a qui careſſans tout le monde
ſans faire preſque de diſtinction, s'imaginent ainſi de pouvoir faire quantité
d'amis. Mais ils témoignent aſſez par là
qu'ils ignorent ce que c'eſt que l'amitié,
& ainſi ils ne ſe doivent prendre qu'à
eux-meſmes, lorſque dans les occaſions de
les éprouver, ils trouvent que parmi tout
ce grand nombre d'amis apparens, il ne
s'en rencontre pas un ſeul de véritable.

Entre les faux amis il y en a qui ſuivant
la proſpérité de ceux qui les croyent ê-
tre leurs amis, reſſemblent au heriſſon,
fermans leur porte comme luy lorſque le
vent de l'adverſité s'éleve. Mais comme
l'amitié n'eſt autre choſe qu'une effuſion
du cœur qui fait que l'on n'a rien qui
ne ſoit à ſon ami, ces lâches intéreſſez
ſont tout à fait indignes de porter le
nom d'amis. Et puiſqu'outre la probité

tant d'autres excellentes qualitez font néceſſaires pour eſtre capable de l'eſtre, faut-il s'étonner qu'il s'en rencontre ſi peu , & que les libertins ne ſoient pas du nombre, vû que n'aimant pas même Dieu de qui ils tiennent tout leur eſtre, & peuvent attendre tout leur bonheur , ils n'ont garde d'aimer les autres, ſe haïſſant ainſi eux-meſmes ?

Il ſeroit à ſouhaiter que dans le commerce des hommes cette excellente qualité de bon ami , euſt une marque particuliere qui la puſt faire connoiſtre , afin que chacun la reſpectaſt. Cette divine vertu eſt ſi rare , que pour l'ordinaire plus on eſt proche , ou de conſanguinité, ou de voiſinage ; & plus l'envie prend la place qu'elle devroit occuper dans nous, & fait que l'on ſouhaite en ſecret du mal à celuy que l'on fait en apparence profeſſion d'aimer. Ce qui eſt encore plus ordinaire dans les Provinces que dans la Cour, parce que l'on y voit avec plus de peine élever par des emplois dans la Guerre , ou par des Charges qui approchent de la perſonne du Prince , ceux dont on connoiſt plus particulierement la naiſſance, & que l'on avoit eûs pour inferieurs ou pour égaux.

Je ſouhaiterois que tous ceux qui ſe
vantent

vantent d'eftre amis, euffent les qualitez d'un que j'ay, lequel on peut dire
eftre un vray Gentilhomme & un veritable ami tout enfemble. Il eft dans une
telle réputation en fon pays, que pour y
paffer pour honnefte homme, il faut eftre
dans fes interefts. Il ne poffede pas de
grandes richeffes, mais la bénédiction de
Dieu eft tellement répanduë fur ce qu'il
a de bien, qu'il vit fans faire tort à perfonne, de la mefme maniere que font
les plus riches; fa maifon étant ouverte
à tout le monde, & n'ayant rien qui ne
foit en la difpofition de fes amis. Cette
réputation donna la hardieffe à un jeune
Gentilhomme qu'il connoiffoit peu, &
n'eftimoit pas peut-eftre beaucoup, de
luy demander cent piftoles à emprunter:
Il luy répondit de fort bonne grace : comme vous m'avez parlé avec franchife,
vous voulez bien que je vous réponde
de mefme, en vous difant, que j'ay de
trois fortes d'amis ; les premiers portent
une épée, & j'employe librement la mienne pour leur fervice : les feconds m'ou-
vrent leur bourfe, & la mienne ne leur
eft jamais fermée, les troifiémes ne font
mes amis que de complimens & de paroles ; & vous trouverez bon, s'il vous
plaift, que je vous dife comme à ceux-

L

la que je fuis votre très-humble fervi-
teur.

S'il n'y a donc que cette fincere amitié dont j'ay parlé, qui foit exempte d'envie, d'intéreft & de tous les autres défauts : foit que la nature ou le hazard, ou
l'induftrie nous falle un préfent fi rare &
fi précieux, on doit pour en faire toute
l'eftime qu'il mérite, croire fermement
qu'il n'y a rien de plus excellent ny de
plus fouhaitable dans la vie. Car s'il fe
trouve de l'amertume dans les plus douces alliances, de la divifion dans les cœurs
que la nature avoit le plus étroitement
unis, & des averfions fecrettes & fouvent manifeftes dans les fources mefmes
de l'affeçtion, quel cas ne doit-on point
point faire de la véritable amitié, puifqu'elle ne peut eftre fujette à aucune de
ces imperfeçtions ? Ainfi je confeille à
celuy qui a efté fi heureux que de rencontrer, je ne dis pas cent amis ; mais un
ami, de le conferver comme le plus précieux de tous les tréfors ; & de confiderer qu'il n'y a prefque point de Rois, de
favoris, de grands, & de riches qui joüiffent de cet avantage.

Chapitre L.

Des Ennemis.

COmme il est expedient qu'il y ait des heresies, il est utile qu'il y ait des ennemis. L'Eglise mesme nous en fournit une preuve, puisqu'elle ne fut pas plûtoft délivrée des persécutions, que ses enfans dégénérerent, & perdirent dans le calme la pureté qu'ils avoient conser-vée dans la tempeste.

Chaque particulier depuis Adam, sans en excepter les plus parfaits, a des le-gions d'ennemis : & l'état où je me suis vû m'a bien persuadé cette verité, qui d'abord me paroissoit incroyable. Tout un païs se révolta contre moy ; & il sem-bloit que les hommes & les élemens eus-sent conspiré ma perte. Mais comme je sçavois très bien que je n'étois point cou-pable, & que le seul intérest d'une mal-heureuse créature estoit la cause de ce desordre, je me conformay à la dispo-sition de Dieu, qui avoit permis qu'il ar-rivast : Je reçûs ce coup comme proce-dant de sa misericorde : Je l'en loüay, je l'en remerciay, je m'en humiliay , je

L ij

m'en réjoüis , & crûs fermement que
c'étoit un moyen dont il se servoit pour
me sauver : j'estimay qu'il valoit mieux
avoir des hommes pour ennemis que
non pas des vices, puisque les uns ne nous
peuvent oster qu'une vie sujette à la
mort , au lieu que les autres nous en peuvent faire perdre une qui est éternelle.

Je rends encore aujourd'huy des graces infinies à Dieu d'avoir souffert de si
injustes persecutions , au lieu de la satisfaction temporelle, & de l'approbation,
que j'ose dire, que mes soins & ma maniere d'agir envers les peuples avoient
merité. Je dois à ces violens & déraison-
nables ennemis la connoissance que j'ay
de moy mesme , & la résolution que j'ay
faite avec l'assistance de Dieu , de n'abandonner jamais la vertu , pour quelque
intérest temporel que ce puisse estre , &
de regler de telle sorte mes actions, que
je ne donne aucune prise sur moy à ces
malheureux.

Comment ne leur pardonnerois-je pas,
puisqu'ils m'ont obligé en m'offençant,
& fait du bien en me voulant procurer
du mal. Leur perfidie m'a esté comme
un tableau où j'ay consideré l'horreur du
mensonge, de la méconnoissance, de l'ingratitude, La haine que j'ay euë non pour

eux, car je suis Chrétien ; mais pour leurs pechez dans leurs desseins abominables, m'ayant fait détester le vice, m'a servi d'aiguillon pour m'exciter à la vertu, & m'a fait connoistre le peu de foy que l'on doit ajoûter aux amitiez trompeuses du monde. Que si j'ay témoigné quelque sentiment, Dieu m'est témoin que ce n'a pas tant esté pour m'estre veu abandonné, que pour avoir esté trahi de ceux qui se disoient & devoient estre en effet mes meilleurs amis.

J'ay connu par là quelle est l'excellence & la rareté de ces amitiez solides & veritables qui voyent tout changer & ne changent point, & qui ayant eu un commencement n'ont jamais de fin. Mais s'en trouve-t'il beaucoup en ce siécle ? Je consideray avec plus d'attention que je n'avois fait auparavant, ces paroles de l'Evangile, qui nous exhortent à faire du bien à ceux qui nous font du mal, à les aimer, & à tâcher de les aquerir pour amis.

Or quand je dis qu'il est utile d'avoir des ennemis, j'entens lorsqu'ils deviennent tels, sans que nous leur en ayons donné sujet. Dieu souffre les méchans pour perfectionner les gens de bien, n'y ayant rien qui touche l'ame plus sensiblement que les reproches veritables d'un ennemy.

L iij

Je sçay néanmoins que dans ces rencontres l'image de sa haine qui se presente d'abord à notre esprit, nous picque & nous porte, non sans quelque mouvement de colere, à nous vouloir justifier. Mais ce premier dépit estant passé, le témoignage de notre propre conscience nous contraint d'avoüer en nous-mesmes que nous avons tort. Et ainsi si nous nous excusons, ce ne peut estre que foiblement. Car il n'appartient qu'à l'innocence de se mocquer des menaces de ses ennemis, & de mépriser mesme toutes celles de la fortune.

Que ces ennemis & cette fortune s'arment donc tant qu'il leur plaira contre nous, tous leurs efforts seront inutiles si nous sommes innocens : & il se trouvera qu'en pensant nous nuire, ils n'auront nui qu'à eux-mesmes. Néanmoins pour les mieux confondre, ou plûtost pour les mieux sauver, il faut leur pardonner avec joye, surmonter leur malice par notre bonté, avoir compassion de leur faute, & prier pour eux sans jamais nous porter à la vengeance.

Que si leur opiniâtreté nous contraint à prendre les armes pour repousser leurs violences, n'entrons dans cette juste guerre qu'avec dessein de faire la paix lors-

qu'ils reviendront à eux-mefmes : confer-
vons pour eux la charité dans le fond de
notre cœur , nous fouvenans toûjours
que quoique leur injuftice les rende nos
ennemis, la Loy de Dieu les rend nos freres, & que nous ne tirerons pas un petit
profit de leur haine , fi nous en fçavons
faire un bon ufage.

Chapitre LI.
De l'employ du Temps.

IL femble que le plus grand de nos foins
foit comme l'on parle d'ordinaire de
paffer le temps , de couler doucement les
heures de notre vie , & d'arriver infen-
fiblement à la mort. Celuy-là fe croit le
plus heureux qui apporte moins d'application aux chofes pénibles , & qui fe
dérobe à foy-mefme la connoiffance de
foy-mefme. Quand nous avons perdu tout
un jour à la Comedie , dans la ruelle du
lit d'une Dame , ou à quelque autre amu-
fement de cette nature, nous difons, nous
nous fommes aujourd'huy bien divertis ;
& comme fi la vie que nous aimons tant
eftoit un objet qui nous déplût , il femble
que nous n'en tenions compte. Je pardonne aux miferables de reffentir quel-

que plaisir d'avoir passé une partie de leur
mauvais temps. Mais quant à ceux qui
l'ont favorable, n'y a t-il pas de la folie
à se réjoüir de ce qu'il leur échappe sans
en avoir fait un usage qui leur puisse estre
avantageux.

Ainsi la jeunesse le perd en l'employant
à la volupté, ou en courant follement
après l'ambition par l'espérance de l'avenir. Seneque, si je m'en souviens, dit que
le temps est presque toûjours partagé en
trois, que l'on en passe une partie à ne
rien faire, un autre à mal faire, & la
derniere à ne point faire ce que l'on doit.
Nous perdons les autres choses avec regret ; mais nous perdons volontairement
le temps, quoiqu'il n'y ait rien de si précieux, & que nulle perte ne soit si irre-
parable. Il y a dans chaque âge quelque
fantaisie qui occupant tout notre esprit,
nous empesche de considerer combien
cette perte est importante. Elle l'est si
fort que la fortune qui a droit de donner
& d'oster aux hommes les richesses & les
honneurs, ne peut leur oster le temps contre leur gré. On ne le perd que parce
qu'on le veut perdre : on ne s'apperçoit
de sa perte que quand il est tout perdu ; &
on ne le regrette que lorsqu'on ne peut
plus le recouvrer.

On appelle dans le monde perdre le temps quand on l'employe à autre chose qu'à établir ses affaires & à avancer sa fortune ; & au contraire selon les maximes de l'Evangile, il n'est bien employé, que lorsqu'on le donne à Dieu ou pour mieux dire qu'en le luy donnant on luy rend ce qui est à luy. N'imitons pas ces prodigues d'un si grand trésor qu'est le temps, qui nomment passe-temps leurs plaisirs & leurs pechez, & se mocquent de ceux qui s'en servent pour acquerir de la vertu & de l'honneur. J'ay fait autrefois comme les autres. Mais aujourd'huy quand je considere où cet aveuglement m'a conduit, & vois le bout de ma carriere, je fais ce que je puis pour regarder l'impetuosité de ma course ; je confesse ma folie, je conseille à mes amis de faire le mesme ; mais de commencer de meilleure heure que je n'ay fait.

Estans Chrétiens souvenons-nous que ce pere de famille qui a sa demeure dans le Ciel, ne nous demandera pas seulement compte de notre temps, mais nous le demandera avec usure. Ainsi ne pensons plus aux jeux ny aux amusemens où la vie se passe, ou pour mieux dire où elle se perd, songeons à nous, & puisqu'en toutes choses l'application que l'on y apporte,

L v

est la mesure du plaisir que l'on y prend,
appliquons-nous serieusement à ménager
le temps qui nous reste.

Maintenant que je vais en cela, bride
en main, il me semble que je l'arreste en
quelque sorte, & qu'il ne sçauroit faire
un pas que je ne l'accompagne des yeux
de l'esprit. Lorsque Dieu me favorise de
quelque effet de sa grace, je la considere
comme estant la cause de mon bonheur
& je ne la reçois plus en passant ainsi que
je faisois autrefois ; mais je me recuëille
en moy-mesmè, & exhorte ma raison à
ne plus souffrir que mes sens prodiguent
à leur mode, c'est à dire, sans retenuë,
un bien qui me doit estre aussi cher que
le temps.

Il n'y a rien de plus loüable à un homme que de joüer le personnage d'un homme sage, ny point de science si utile, que
celle de sçavoir bien vivre. Or c'est y
réüssir parfaitement que de profiter du
temps , & n'attendre pas à l'extrémité
pour le ménager. Ce ménage consiste à
adorer les decrets de Dieu, à s'y soûmettre , & à estimer infiniment davantage
l'éternité que le temps, comme n'y ayant
nulle proportion entre l'une & l'autre.

CHAPITRE LII.
De la Retraite.

L'HOMME eſt un animal ſociable, & que ſon naturel porte à ſe vouloir communiquer. Il y a pourtant un terme & un certain âge où la retraite nous eſt favorable, & meſme comme néceſſaire. Ainſi Dieu nous fait une grande grace, quand pour nous en inſpirer le déſir il nous découvre les dangers & les tromperies du monde, & nous fait réſoudre d'abandonner toutes choſes, pour nous attacher entierement à ſon ſervice.

Comme l'on compte les belles retraites entre les plus belles actions qui ſe faſſent à la guerre, & que les victoires meſmes ne ſont pas le plus ſouvent ſi glorieuſes ; c'eſt auſſi l'un des plus loüables de tous les deſſeins que de ſe retirer de l'empreſſement des affaires, en prenant congé de la Cour & du grand monde. Mais il faut avoir beaucoup de force & eſtre bien touché de Dieu pour rompre courageuſement tant de chaines, quoy qu'aprés avoir conſumé ſa jeuneſſe dans des emplois honorables & ſatisfait au devoir de ſa condition, la prudence veut que l'on se borne à une vie plus retirée & plus tranquille.

A plus forte raison en parlant selon les maximes du Christianisme, on doit quitter le monde d'assez bonne heure, pour faire penitence dans la retraite, & par une vie entierement consacrée à Dieu, se disposer à rendre ce compte qui fait trembler les plus justes. Ce sera là que nos joyes passées nous feront répandre des larmes : ce sera là que nous comprendrons quel estoit notre aveuglement de rechercher avec tant d'ardeur des biens corruptibles & des honneurs perissables ; & enfin ce sera là que nous admirerons la bonté infinie de Dieu, qui sans avoir égard à nos pechez, a voulu nous arracher du fond de ce précipice, où nous voyons tous les jours tomber & perir les autres. Mais il ne faut pas que ce soit la foiblesse ou la lâcheté qui nous porte dans cette vie retirée : Il faut s'y resoudre par une sainte générosité, & par un veritable amour de notre salut, fondé sur la misericorde de Dieu. Comme la retraite rend l'ame beaucoup plus tranquille, & par conséquent plus capable du discernement, on y apprend bien-tost à mépriser ce que l'on estimoit dans le monde, & on passe de là dans le regret d'avoir si mal employé le temps qui nous eſt donné pour acquerir l'éternité bien-heureuſe.

Au contraire, ceux qui demeurent dans le ſiecle, ne jugeans des choſes que par l'éclat que l'opinion leur donne & mettans toute leur félicité dans les honneurs & dans les richeſſes, ils condamnent la vie retirée comme ennemie de la nature, comme un effet de mélancolie plûtoſt que de jugement, & comme préjudiciable au public, puiſque c'eſt, à ce qu'ils diſent le moyen de dépeupler les Villes pour peupler & pour remplir les deſerts.

Mais ſi ces perſonnes daignoient employer quelques heures à lire les ſaintes Ecritures, ou ils renonceroient à la foy de ce qu'elles nous enſeignent, ou ils auroient honte de blaſmer ſi hardiment ce qu'elles loüent : ils ſe contenteroient de plaindre leur malheur ſans ſe mocquer du bonheur des autres ; & ne croiroient plus que la grace de Dieu qui conduit les Elûs dans la retraite & la ſolitude, ſoit une choſe ſi commune, qu'il y ait ſujet de craindre que les Villes ſe dépeuplent par le grand nombre de ceux qui embraſſeroient une vie ſi ſainte.

Comme les poiſons les plus ſubtils ſont les plus à craindre ; qui peut douter que

l'air de la Cour, où toutes choses se sub-
tilisent avec un rafinement incroyable, ne
soit le plus dangereux de tous ; & qu'à
moins que d'y estre toûjours sur ses gardes, & d'avoir autant d'attention à Dieu
qu'un Chartreux, ce qui est comme impossible, on courre à toute heure fortune
de tomber dans quelqu'un de tant de pieges, dont on y est environné de tous cô-
tez. La multitude des pestiférez augmente de beaucoup le péril que la contagion
porte avec elle, & la complexion la plus
forte a très-grande peine à s'en garantir.

Ce n'est pas que le sage ne puisse vivre
par tout ; mais s'il est veritablement tel,
il choisira le parti le plus assuré. Mais nous
ne devons pas croire que pour avoir quitté la Cour, nous n'avons plus rien à craindre de nos ennemis, nos mauvaises inclinations nous suivent par tout ; quoique
nous abandonnions le monde, la concupiscence ne nous abandonne pas. Elle
entre jusques dans les Cloistres, où les
mortifications en peuvent bien rallentir
l'ardeur, mais non pas l'éteindre.

Il ne suffit donc pas d'avoir renoncé
au monde, pour vivre dans la retraite : il
faut penser à guérir nos maladies particulieres après nous estre délivrez des maladies de la Cour. Car si nous portons nos

fers dans le defert, nous n'y ferons pas
moins efclaves que dans les Villes ; & fi
nous tournons les yeux ou le cœur vers
ce que nous avons quitté, nous traifne-
rons toûjours notre chaifne. Je croyois
autrefois que n'étant plus à la Cour, & la
fortune m'ayant mis dans un coin de terre affez éloigné du foleil, j'y vivrois fans
paffion ; & qu'étant détaché de tous ces
defirs qui tourmentent fi fort les hommes, j'y pourrois faire mon falut fans agitation & fans trouble. Mais je connois
maintenant la folie de cette penfée ; le
ciel ne s'aquiert pas par le repos, & on n'a
pas befoin d'une moindre fermeté d'efprit & de cœur dans la retraite que dans la
Cour. Car la malice qui eft dans nous-
mefmes, ou qui procede du dehors, ne fait
jamais de tréve avec nous en quelque
lieu que nous nous cachions pour l'éviter;
& ainfi nous nous trouvons engagez en
des combats continuels pour la vaincre :
mais la force dont nous avons befoin
pour cela ne nous peut venir que de fa
grace, & c'eft elle feule qui nous difpofe
à joüir innocemment des plaifirs de la
retraite.

Je demeure d'accord, que quelques-
uns ont tiré de l'avantage de s'eftre trouvez engagez dans les perils de la Cour,

parce qu'aprés les avoir évitez par l'affiftance de Dieu, ou y avoir mefme fuccom-
bé, & puis en eftre fortis par fa grace, ils
connoiffent mieux quelle eft leur foiblef-
fe, & ainfi fe tiennent toûjours fur leurs
gardes, fans que cette vigilance fur eux-
mefmes rende leur retraite moins tranquille; outre que l'on eft exempt par là du
reproche que font d'ordinaire ceux qui
difent: que nous ne fommes pas nez pour
nous, mais pour nos parens, pour nos
amis, pour notre patrie & pour notre
Roy.

CHAPITRE LIII.

De l'oftentation, de l'envie & de l'ingratitude.

IL faut fe garder de toutes fortes d'ennemis, mais particulierement de ceux
que nous ne fommes pas fâchez de voir,
quoique nous fçachions que faifant femblant de nous aimer il nous haïffent dans
le cœur. Car les maux les plus dangereux
font ceux qui ont quelque apparence de
bien, & qui nous plaifent. D'où vient
que les traiftres font beaucoup plus à
craindre que les ennemis declarez, parce
que ceux-cy ne fe fervent que de leurs
armes pour nous combattre, & les au-

tres y employent nos propres forces.

Il eſt vray que tous les vices ſont à fuir
& à redouter; mais celuy-cy l'eſt d'autant
plus qu'il ſemble eſtre plus naturel,& que
nous ſuivant par tout, nous nous en défions moins, & découvrons par conſéquent plus difficilement ſa malice & ſes
embûches. Nous ſommes ſur nos gardes
contre un ennemi étranger, & la prudence nous fournit une infinité de moyens
pour nous garantir de ſes ſurpriſes ; mais
nous ne concevons pas facilement des
ſoupçons d'un domeſtique : il entre dans
les lieux les plus ſecrets:il ſçait le particulier de nos affaires: & s'il a quelque mauvaiſe volonté nous ne pouvons que fort
difficilement l'empeſcher de l'exécuter.

L'oſtentation eſt un vice de cette nature : car elle nous flate, & nous promet
des merveilles, quoique ſes promeſſes
ſoient fort ſuſpectes. Ceux qui ſont poſ-
ſedez de cette dangereuſe paſſion, prennent plaiſir à faire le bien qui éclate ; &
ils n'ont jamais de joye plus ſenſible, que
quand leurs actions font du bruit, & peuvent eſtre ſçûës de beaucoup de gens.
Cette extravagante fantaiſie ruine de
grandes maiſons, & porte à de folles dé-
penſes, qui n'ont autre but que la réputation d'eſtre magnifiques. Combien de

riches qui donneroient à regret un teston
aux pauvres, qui font des largeffes très-
mal employées par une pure oftentation ?
On en voit mefme qui haïffent ceux à qui
ils ont fait du bien, parce que ce n'eft pas
leur bonté, mais leur vanité qui les a rendus liberaux. Ils font avares dans le cœur,
quoiqu'ils foient prodigues en apparence.
Ils ignorent ou veulent ignorer cette inf-
truction de l'Evangile : qu'il ne faut pas
regarder ce que l'on donne, mais le motif qui fait que l'on donne ; & que Dieu
qui doit eftre ce motif, confidere plûtoft
le cœur que les mains, & reçoit avec plaifir la petite offrande du pauvre faite avec
efprit de pieté ; au lieu qu'il rejette les
grandes offrandes du riche faites par un
efprit de vanité.

Si nous eftions bien perfuadez, que
nous devons vivre avec les hommes comme fi Dieu nous voyoit, & parler à Dieu
comme fi les hommes l'entendoient, ces
malheureux qui veulent tirer gloire des
actions mefmes où ils devroient eftre les
plus humbles, craindroient de tomber
dans ce précipice.

Pour ce qui eft de l'envie, c'eft un
vice deteftable, quand il n'auroit point
d'autres défauts que de s'attaquer toûjours aux actions les plus glorieufes, fans

épargner mesme nos proches & nos amis,
car ne voit-on pas tous les jours que l'envieux écoute sans jalousie les loüanges
que l'on donne à ceux qui ne peuvent jamais faire obstacle à sa fortune ? La haute
réputation d'un étranger ne le touche
point ; mais celle de son meilleur ami &
de son proche le fâche, si leurs intérests
se trouvent opposez au sien.   C'est un
venin si subtil & si penetrant , qu'il ne
peut estre arresté que par l'assistance particuliere de la grace ; & ainsi je me moc-
que des discours de ces libertins qui disent, que la prosperité des autres ne leur
donne nulle peine , puisque n'en estre
point touché est un effet de cette grace
que les gens de bien seuls peuvent esperer , & non les impies tandis qu'ils de-
meureront dans leur endurcissement.

L'envieux est aussi prompt à faire du
mal que lent à faire du bien; son affliction
pour ses amis est aussi foible que sa jalousie du bonheur d'autruy est violente ; &
la haine qui l'accompagne est insupporta-
ble à tout le monde. La consolation de
ceux qui sont enviez est, qu'il n'y a jamais
eu d'homme vertueux qui ne l'ait esté, &
que les plus illustres & les plus braves ont
toûjours eu plus d'envieux que d'admirateurs de leur gloire.   Il est vray que

ceux qui veulent par prudence fuïr l'é-
clat & la pompe, uſer moderément de
leurs richeſſes & de leur bonne fortune,
diminuent beaucoup le nombre de leurs
envieux ; car l'envie ne s'attache qu'à ce
qui eſt élevé, & qui donne le plus d'eſtime
& le plus de réputation.

Quant à l'ingratitude, c'eſt le peché de
tous que Dieu haït le plus : néanmoins il
eſt aujourd'huy ſi commun, que l'on ne
ſçait plus comment ſe conduire dans le
commerce du monde ; car ſouvent les
plus grands bienfaits n'obligent pas ceux
qui les reçoivent, & la moindre choſe les
offenſe. L'ingrat conſidere comme un
grand fardeau les faveurs dont il ſe trouve redevable ; & ayant perdu la memoire
du plaiſirqu'il avoit goûté en les recevant,
il ſe fâche d'être engagé à les connoiſtre:
d'où il arrive aſſez ſouvent, par une horrible lâcheté, que celuy qui eſt obligé eſt
ravi de la mort de ſon bienfaicteur, afin
de n'eſtre plus redevable. Malheureuſe
inclination de la nature, qui fait que le
ſouvenir des offenſes ne cauſe gueres plus
d'averſion que la memoire des bienfaits !

Il ne faut pas nous étonner ſi ce peché
eſt l'un des plus deteſtables, puiſqu'il tire
ſon origine de l'orgueil, qui ſe croit toûjours digne de recevoir plus qu'on ne ſçauroit luy donner.

Il faut avoüer fur ce fujet à notre hon-te, que les hommes, font bien imparfaits, puifque la liberté , qui eft une vertu fi excellente , fe trouve fouvent fuivie de deux défauts qui en terniffent tout l'éclat : l'un le reproche de celuy qui donne, & l'autre l'oubli de celuy qui reçoit : en quoy l'injuftice de tous les deux eft à mon avis fort égale, puifque l'un étouffe en foy-mefme le bienfait, & l'autre l'étouffe en autruy. Il ne faut donc pas prétendre pouvoir obliger beaucoup de gens fans rencontrer beaucoup d'ingrats ; & l'hor-reur que ce vice donne à toutes les per-fonnes généreufes, nous en doit faire con-cevoir une fi grande de notre ingratitude envers Dieu, que nous ne penfions defor-mais qu'à la reparer par un continuel reffentiment des graces que nous rece-vons fans ceffe de fa bonté.

Chapitre LIV.

De l'inconftance des chofes du monde.

IL n'y a rien de fi déraifonnable que de croire pouvoir trouver du repos & de la ftabilité dans le monde , puifqu'on n'y voit que des révolutions continuelles & des changemens perpetuels. Le Ciel roule

toûjours fur nos teftes : l'air fe couvre à
toute heure de nuages : la mer a fans ceffe
fon flux & reflux : la terre change continuellement de face : tous les élemens fe
font une guerre perpetuelle : & ainfi on
peut dire avec verité, qu'il n'y a rien de
plus conftant dans le monde que l'inconftance. C'eft un grand theâtre où rien ne
paroift que pour difparoiftre. Les Aftres
ne fe levent que pour fe coucher ; les
hommes ne naiffent que pour mourir ; la
campagne ne s'enrichit que pour s'apau-
vrir ; ce qui fut n'eft plus ; & ce qui eft
ceffera d'eftre ; le prefent fait oublier le
paffé : & ainfi la figure du monde s'éva-
noüit, comme dit le grand Apoftre, lorfqu'il exhorte ceux qui en ufent, d'en ufer
comme s'ils n'en ufoient pas.

Que fi nous cherchons la caufe de ces
changemens, nous trouverons que ce font
des effets de la Providence de Dieu, qui
eftant immobile en luy-mefme, employe
tous ces divers mouvemens pour faire
agir fes créatures felon la fin à laquelle il
les deftine, & pour nous fervir d'un aver-
tiffement continuel, que ce n'eft pas icy le
lieu de notre veritable demeure. Car fi
tout ce qui eft dans le monde ne chan-
geoit point, nous perdrions peu à peu le
fouvenir de notre condition mortelle &

l'efpérance de poffeder un autre vie qui eft immortelle. Mais comme nous avons toûjours devant les yeux ce changement univerfel, nous nous fouvenons que nous fommes hommes : & cette agitation de l'Univers rappelle dans notre efprit ce que la Foy nous enfeigne , qu'il doit y avoir quelqu'autre lieu plus tranquille que celuy-cy , où nous pourrons joüir d'un parfait repos.

Ainfi l'inconftance des chofes qui fe paffent icy-bas, eft comme un tableau qui nous reprefente notre mortalité qui nous doit faire trembler, & l'éternité que nous devons efperer. Mais ce que j'admire davantage eft qu'il y a plus de revolutions dans le petit monde que nous portons en nous-mefmes, que nous n'en voyons dans le grand monde.

Car fans parler de mille accidens aufquels nous fommes fujets , fans confiderer la compofition de notre corps qui eft plus fragile que le verre, nous nous troublons nous-mefmes par l'inftabilité de nos mouvemens ; & l'on peut dire que notre ame prend tantoft un vifage, & tantoft un autre , felon la difpofition où elle fe trouve. Le feu n'eft pas fi leger que notre efprit ; l'air n'eft pas fi changeant que notre volonté ; & la mer n'eft pas fi agitée

que notre cœur. Nous changeons de temperament, d'humeur, & de fantaisies,
d'opinions & d'affections, selon la diversité des passions qui nous dominent: aujour-
d'huy nous sommes sains, & demain malades ; aujourd'huy gais, & demain tristes;
aujourd'huy heureux, & demain malheureux : C'est un Cameleon qui prend toutes sortes de couleurs, une cire qui prend
toute sorte d'impression, & une toile qui
souffre toute sorte de figure. Il n'y a rien
d'arresté dans l'homme, il s'enfuit comme l'ombre, disoit Job, & Epictete le
compare à une Comedie dont les actes
sont tous differens. La femme est encore
plus inconstante que l'homme, parce qu'-
elle est plus foible & exposée à plus d'accidens ; elle est plus legere en ses pensées,
plus changeante en ses humeurs, & plus
sujette à ses passions. Mais le grand mal
est, qu'on ne voit gueres ni les hommes ni
les femmes faire quelque réfléxion sur
une chose si importante ; & l'on ne travaille qu'à s'établir dans le monde, qui
est une vieille maison qui tombe, comme
si on n'en devoit jamais sortir.

Mais n'est-ce pas une vraye folie, que
de croire pouvoir trouver un établisse-
ment assuré, & une félicité durable parmi tant de differens changemens ? Nous
voyons

voyons mourir tout le monde ; & nous
voulons toûjours vivre. Nous voyons finir tous les ouvrages de la nature, & nous
ne pensons point à notre fin. Puisque le
monde finira, disoit un ancien, devons-
nous avoir regret de finir aussi ? Seroit-il
juste que les Palais, les Temples & les Villes tombans en ruine, notre corps qui n'est
qu'une petite maisonnette fût perpetuel ?

Auroit-on pû s'imaginer il y a trente
ans, que ce que nous avons vû arriver arriveroit ? puisque sans parler de cette san-
glante guerre qui ravage toute l'Europe,
l'Angleterre nous fournit un exemple si
terrible & si funeste tout ensemble de
l'inconstance des choses humaines, que
n'ayant point eu d'exemples dans tous les
siécles passez, il faut esperer qu'il n'y en
aura point dans les siécles à venir.

La Cour est toûjours particulierement
le theâtre de l'inconstance. C'est là qu'on
voit sans cesse élever les uns, & en mesme
temps abaisser les autres : Vous montez,
& je descend, disoit un jour sur le haut de
l'escallier du Louvre un Courtisan * qui
avoit esté un grand & un trés-illustre favori, au favori qui l'estoit alors.

Pour tirer quelque profit de tant de
divers changemens qui arrivent à une

* M. le Duc d'Espernon , & M. le Conestable
de Luines.

M

heure, il faut rentrer dans nous-mesmes, considerer que nous sommes sujets aux accidens que souffrent les autres : que ce qui leur arrive nous peut arriver, & que depuis le cedre jusques à l'hyssope rien n'est exempt des atteintes de la fortune. Pour moy j'avoüe que je ne puis faire d'état ni de la santé, ni du bien, ni des autres felicitez temporelles, quand je considere qu'un accident me peut rendre en un moment mal sain, pauvre & malheureux. Pour juger de notre bonheur, il faut attendre à la mort, puisqu'elle seule, si Dieu nous fait grace, nous met en estat de ne rien craindre. Car quoique la fortune ruine les plus grandes Villes, détruise les plus fortes armées, & renverse les plus grands Royaumes, le tombeau est une forteresse, contre laquelle tous ses efforts sont inutiles, & les vers en cet estat sont plus puissans qu'elle.

Avoüons donc que celuy-là seul est heureux, qui par une grace qu'il ne sçauroit jamais mériter, s'affermit toûjours de plus en plus dans la résolution de bien faire : & qui connoissant quelle est l'inconstance des créatures, ne met son appui & sa confiance que dans la force qu'il peut tirer du secours tout puissant de son Createur.

CHAPITRE LV.
De la vraye & fauſſe Prudence.

IL eſt fort difficile ſans la prudence de réüſſir à quoique ce ſoit, puiſqu'elle eſt aux autres vertus ce qu'eſt le gouvernail à un vaiſſeau : elle regle nos mœurs, éclaire notre entendement, nous tire de quantité de perils, & conduit nos actions à leur fin. Ce qui fait que le Sage veut qu'on la préfere à tout, à cauſe qu'elle perfectionne cette partie raiſonnable de notre ame qui a pour objet le ſouverain bien, & que ſans elle non-ſeulement il n'y a rien de bon, mais ce qui eſt bon devient mauvais.

En parlant ainſi, j'entens parler de la vraye prudence qui eſt la prudence des Saints. Car il y en a une autre toute humaine & toute charnelle, laquelle luy étant entierement oppoſée eſt fauſſe, mal reglée & perilleuſe, quoique JESUS-CHRIST ait marqué dans l'Evangile qu'elle réüſſit à ſes fins, lorſqu'il a dit : que les enfans de tenebres ſont plus prudens que les enfans de lumiere. Chacun demeure d'accord que la prudence humaine porte les hommes à faire tous les

jours de nouvelles acquisitions, à s'établir
dans le monde, à augmenter leur fortune,
& à enrichir leurs enfans en quelque maniere que ce soit. Mais la vraye prudence
au contraire nous fait considerer, que la
benediction de Dieu ne se pouvant rencontrer avec ces grands biens qui ne sçauroient estre aquis par des moyens legitimes, ils traisnent toûjours après eux leur
punition. Le fils est châtié à cause du crime du pere : ses enfans continuënt de l'ê-
tre : & avant qu'un siecle se passe, on voit
presque toûjours les descendans de ceux
qui ont mal aquis des richesses prodigieu-
ses, éprouver la malediction de Dieu, &
leur maison tomber en ruine : au lieu que
celles des gens de bien non-seulement
subsistent, mais prosperent. Tel homme a
employé cinquante année à établir sa maison, & à la fortifier par alliances, souffrant
pour cela mille peines, faisant mille lâche-
tez : & les débauches d'un enfant mal né,
quelque grande querelle, ou un autre malheur imprévû renverse en moins de rien
ce qu'il a édifié durant tant de temps, &
ne luy laisse que le desespoir d'avoir sacri-
fié son ame & sa vie, pour acquerir une
fortune si peu durable.

Voila quelles sont les suites & les effets de cette prudence humaine proce-

dante d'une cupidité charnelle, qui au lieu de regarder Dieu en toutes choses, nous fait confier en nos propres forces. Elle eſt ſi aveugle, qu'elle porte ſouvent les peres & les meres par une tyrannie ſacrilege, à mettre une partie de leurs enfans en Religion contre leur gré, afin de rendre les autres plus riches : & Dieu par un juſte chaſtiment leur oſte enſuite ces objets de leur ambition démeſurée, en les retirans du monde par la mort, comme ils en avoient fait ſortir les autres par une cruelle contrainte : les laiſſant ainſi ſans heritiers deſcendus d'eux, par l'apprehenſion qu'ils avoient eû d'en trop avoir ; & réduiſent ces miſerables desheritez dans le deſeſpoir de ſe voir liez par des vœux qu'ils ne peuvent rompre, à une Profeſſion, qui pour eſtre très-ſainte en elle-meſme, n'a pas le pouvoir de ſanctifier ceux qui ne l'embraſſent pas volontairement.

D'autres peres voyent celuy de leurs enfans, qu'ils avoient choiſi pour augmenter le luſtre de leur maiſon, en mettant ſur ſa teſte tout leur bien, s'enfuir tout nud de l'embraſement de cette paſſion infernale, pour ſe jetter dans un Monaſtere, & travailler à ſon ſalut en mépriſant toutes ces richeſſes periſſables.

M iij

D'autres qui ne s'étant reservez qu'une fille, afin de la sacrifier avec tout leur bien à la vanité d'une alliance éclatante, la perdent en un moment par quelque maladie inopinée : & au lieu d'avoir recours à la vraye prudence, qui soûmet notre volonté à celle de Dieu, ils blasphément contre le Ciel, & ne peuvent se resoudre à voir leurs biens disperser ou tombez entre les mains d'un heritier qu'ils n'aiment pas. Ils jettent alors les yeux sur cet enfant qu'ils avoient en effet desherité, & tâchent de persuader à cette Religieuse, qui n'est pas encore Professe, de ne point prendre le voile ; ou si elle est Professe, de le quitter, sous prétexte de quelque nullité supposée afin de choisir ensuite un mari qui soûtienne la dignité, c'est à dire, la vanité de leur maison chancelante.

Un de mes amis qui se trouvoit réduit en un état presque semblable, me pria un jour de solliciter son fils, qui portoit la soutanne il y avoit déja quinze ans, & qu'il avoit fait Abbé malgré luy, afin d'enrichir son frere aîné mort depuis peu, de prendre l'épée pour soûtenir par ses actions dans la guerre l'éclat de sa race qui estoit fort illustre & fort ancienne. Voilà de quelle sorte la pluspart de ceux mesmes qui passent pour honnestes gens vivent

dans le monde. Et ainſi faut-il s'étonner
des punitions qu'ils en reçoivent.

Que ſi les peres & les meres s'exami-
nent ſoigneuſement devant Dieu, ſur ce
que je viens de dire, combien s'en trouvera-t'il qui ſeront obligez d'avoüer devant ce Juge qui penetre les replis les
plus cachez des conſciences, que par cette
fauſſe prudence ils ont contraint la volonté de leurs enfans, en leur faiſant épouſer
malgré eux ou un parti, ou un Cloiſtre ?
Ce qui eſt une injuſtice également contraire aux loix de la nature, & à celles de
l'Auteur de la nature, qui laiſſe à l'homme ſa liberté particulierement lorſqu'il
s'agit de ſe lier pour toute ſa vie. Quels
deſordres n'arrivent point de là dans les
Monaſteres, & de quelles imprecations
n'uſe-t'on point contre la barbarie de ſes
peres & meres, dont le bruit retentit juſqu'au Ciel, & en attire la malediction ſur
ceux qui en font la cauſe ?

Apprenons donc que la veritable prudence conſiſte à ſe bien connoiſtre : à conſiderer que n'ayant rien que nous ne té-
nions de Dieu, il faut nous ſoûmettre à
luy en toutes choſes : que notre ame é-
tant immortelle, nous devons travailler
en cette vie à nous rendre dignes par nos
bonnes œuvres des couronnes que les

Elûs recevront en l'autre:& par ce moyen
notre conduite, soit dans les affaires publiques ou domestiques, soit dans l'éta-
blissement de nos enfans, soit dans le
choix de nos amis, soit dans toutes les autres actions de notre vie, fera connoistre
à tout le monde que nulle prudence ne
mérite de porter ce nom, que celle qui
prend pour regle les maximes également
sages & saintes de l'Evangile.

CHAPITRE LVI.

De la Réputation.

LA plus grande satisfaction que nous
puissions tirer de l'estime qu'on fait
de nous & de la réputation que nous ac-
querons, soit dans la guerre, soit ailleurs,
est quand notre sentiment répond à la
voix publique, & que nous connoissons
avoir mérité les loüanges que l'on nous
donne. Ce témoignage de notre conscience nous inspire une certaine joye, que la
plus austere modération a grande peine à
empescher de passer de notre cœur sur notre visage.Et cela ne paroist jamais mieux
qu'ensuite des grands combats. Car on
voit alors les victorieux, quelques sages
& quelques modestes qu'ils soient, ne se

pouvoir empefcher de faire éclater leur contentement, principalement lorfqu'ils croyent devoir aprés Dieu, une grande partie d'un fi glorieux fuccès à leur courage & à leur conduite.

Ce plaifir eft légitime ; mais il y en a un autre qui étant un fort mauvais effet d'une fort mauvaife caufe , doit plûtoft faire rougir que contenter ceux qui le reffentent, pour peu qu'ils ayent de pudeur. C'eft de fe laiffer emporter à ces lâches applaudiffemens par lefquels la flatterie des Courtifans éleve les moindres actions des Princes & des favoris. Néanmoins ces fauffes loüanges font l'un des plus puiffans moyens dont on fe fert d'ordinaire pour faire fortune, parce que la grandeur & la faveur portant naturellement les hommes à la vanité, ceux qui font dans ces places éminentes ont plus de peine que les autres à refifter à un charme fi dangereux. Mais comme la réputation qui leur vient par cette voye n'eft pas moins fragile qu'elle eft injufte ; elle ne laiffe dans la fuite du temps que la honte d'avoir crû la pouvoir acquerir fans la mériter.

Par une autre injuftice toute contraire, il y a de grandes actions qui n'apportent point de réputation à ceux qui les font, quoy qu'elles leur en dûffent beaucoup donner. J'ay esté témoin moy-mesme de quelques-unes qui se sont passées à la vûe de toute une armée, & qui n'ont pas seulement esté portées à la Cour, encore quelles fussent dignes d'estre beaucoup plus récompensées que d'autres qui l'ont esté par des honneurs fort considérables.

Combien de services signalez ont esté comme ensevelis par ce moyen ? Combien de braves soldats perissent sans réputation dans des rencontres qui leur en avoient tant fait mériter ? C'est un hazard & un grand bonheur quand on est remarqué sur une brêche ou dans quelque autre occasion signalée : De là vient que la plufpart ne cherchent que l'éclat & le bruit & n'executent rien avec vigueur quand ils ne croyent pas qu'on les remarque.

Celuy qui ne se porte à bien faire que parce qu'il espere des récompenses, ne peut pas estre de grand service. Car s'il est attaqué la nuit, ou en lieu où il n'ait point de témoins de son action, il cede aussi-tost, ou aprés s'estre fort mal défendu. Mais il faut aller à la guerre par le desir d'acquerir un vray honneur, & s'y comporter vaillamment pour le service de son Roy & de sa Patrie. Que si nos intérefts particuliers y doivent estre con-

fiderez, ce doit toûjours eftre pour des
motifs honneftes & legitimes, & non par
une vaine oftentation.

La réputation eft fans doute fort efti-
mable, & je tiens heureux ceux qui la
poffedent ; mais il faut que ce foit à jufte titre, & qu'ainfi elle foit appuyée
fur le mérite & fur la vertu. Si nous voulons eftre riches, foyons-le de nos propres richeffes, & non des richeffes em-
pruntées.

Il n'eft pas trop difficile dans la guerre
de contrefaire le genereux ; quoy qu'on
ne le foit pas en effet : & ceux qui ne defirent de la réputation que pour pouvoir
obtenir des faveurs de la fortune, évitent
mille dangers en faifant femblant de les
chercher. Cependant on fonde fouvent
fur ces fauffes apparences l'eftime qu'on
fait des hommes.

Mais pour montrer avec combien
d'injuftice la réputation fe diftribuë, il
fuffiroit de confiderer que dans les batailles, où tant de braves gens demeurent, il
n'y en a peut eftre pas vingt de qui l'on
parle, & que de tant d'hommes qui font
morts en France depuis cette guerre, il
n'y en a pas peut-eftre cent de qui l'on
conferve encore la memoire. Il faut un
bonheur particulier pour graver dans

l'esprit de ceux qui vivent, le souvenir
de la valeur & du mérite de ceux qui
meurent pour acquerir de l'honneur. Et
qui nous assurera que nous serons de ce
nombre ?

J'ay connu des hommes qui durant une
campagne étoient en très-haute estime, &
dont l'année d'après on ne parloit plus.
J'en ay vû d'autres très-vertueux soûtenir
l'honneur & la gloire qu'ils avoient très-
justement acquise durant leur jeunesse.
Ce qui me fait conclure, que les actions
de la vertu sont trop nobles pour avoir
pour objet une si petite récompense qu'est
cette vaine réputation ; & ainsi s'il arrive que le monde nous la donne, nous
devons au lieu d'en faire vanité, l'offrir
à Dieu de tout notre cœur, & travailler
en le servant jusqu'à la mort, à nous rendre dignes d'une plus solide & plus durable récompense.

CHAPITRE LVII.

Qu'il ne faut pas juger des choses par les
apparences.

LEs Courtisans aiment d'ordinaire assez
des faiseurs d'horoscopes, des diseurs

de bonne avanture, des phiſionomiſtes
& autres ſemblables charlatans, qui nous
promettent de nous faire penetrer juſques
dans l'ame des Princes & des favoris, en
jugeant de la puiſſance de la fortune, &
des humeurs des perſonnes par le dehors.

A les entendre parler, il n'y a pas un
trait du viſage, ny pas une ligne dans les
mains, qui ne ſoient autant de témoins
contre ceux qui tâchent de cacher ce qu'-
ils ont dans l'eſprit & dans le cœur. Ils diſent que les aſtres qui preſident à notre
naiſſance, font le deſtin de notre vie &
de notre mort : & pour ne point décre-
diter leur trafic, ils rejettent les enſeigne-
mens du Chriſtianiſme qui ne donnent à
ces aſtres aucun pouvoir ſur nos volontez.

Pour acquerir créance auprés des femmes, ils leur perſuadent que la beauté
regne par tout où elle ſe montre : qu'elle
fait impreſſion ſur les ames les plus fortes, & que raviſſant aux hommes leur
liberté, elle les contraint de s'aſſujettir à
ſon empire.

Ils flattent de meſme les ambitieux, &
debitent mille autres choſes ſemblables,
où il y a plus d'erreur & de vanité que de
conjectures. Car ſi on s'arreſte au viſage
& à la beauté, cette regle ſe trouvera-
elle infaillible ? Il y a de belles perſonnes

pour qui l'on a de l'aversion. J'en ay connu dont les yeux & les principaux traits du
visage étoient admirables : & ils avoient
néanmoins, je ne sçay quelles marques
de malignité qui les faisoit haïr en les regardant. J'en ay vû au contraire qui é-
toient laides & avoient un certain air de
bonté qui les faisoit aimer de tout le monde. Combien voyons - nous de Dames
très-belles qui sont méchantes comme
des aspics , & d'hommes très-bien faits
qui sont lâches & impies.

D'où vient que de deux hommes que
l'on n'avoit jamais vû joüans à la paume,
vous avez plus d'inclination pour l'un
que pour l'autre : & que si dans un combat vous vous trouvez du party qui est
vaincu , vous choisissez par préférence
entre plusieurs qui vous sont également
inconnus, celuy que vous voulez rendre
maistre de votre liberté & de votre vie.

Il y a donc dans l'homme beaucoup de
choses qui ne paroissent pas sur son visage, & si on ne prend plaisir à se tromper,
il ne faut jamais juger de l'interieur par
l'exterieur. Mais sans considerer ces apparences qui sont si trompeuses, nous ferions
mieux d'entrer dans notre ame pour nous
bien examiner nous - mesmes , que de
vouloir penetrer dans celles des autres.

Or pour montrer la tromperie de ce faux éclat des choses du monde ; y a-t-il rien de plus agréable ni qui donne plus de passion dans le monde qu'une belle femme quand elle est vivante ? & y a-t'il rien de plus effroyable quand elle est morte ? Témoin l'Imperatrice Isabelle, cette Princesse d'une incomparable beauté qui étant transportée de Tolede où elle mourut, au Royaume de Grenade, pour reposer dans le tombeau des Rois ses ayeuls, le Duc de Borgia à qui l'on avoit donné la conduite de cette pompe funebre proportionnée à la grandeur d'une personne si auguste, ayant fait ouvrir le cercueil en presence des plus grands Seigneurs du Royaume, il la trouva non seulement si méconnoissable, mais si hideuse, que l'étonnement qu'il en conçût luy faisant faire réfléction sur le néant des créatures, cette pensée ne produisit pas un moindre changement dans son ame, que celuy que la mort avoit fait dans le corps de cette grande Princesse ; & ainsi protestant sur le champ qu'il n'aimeroit jamais plus rien de mortel, & renonçant à toutes les beautez creées, il se retira dans un Cloître où il acheva saintement sa vie.

Si cet exemple n'humilie les femmes qui sont idolâtres de leur beauté, & les hom-

mes que l'orgueil & l'ambition tranſpor-
tent, je ne ſçay qui le pourra faire : & ſi
toutes ces conſidérations ne ſuffiſent pas
pour leur faire croire que ce qui a de l'é-
clat eſt ſujet à nous tromper, & qu'il ne
faut jamais juger des choſes par le dehors,
je ne vois pas non plus ce qui peut eſtre
capable de les vaincre.

Combien de flatteurs ſont cauſe de la
ruine de ceux qui ſe laiſſent perſuader à
leurs paroles trompeuſes ? Combien de
perſonnes après avoir vieilli dans les
Cours des Princes, ſont contraints de s'en
retirer, ſans remporter autres fruits de
leur vaine eſperance, que le regret de l'a-
voir euë ? Et combien de mariages qui
paroiſſant devoir eſtre heureux, ne ſer-
vent qu'à rendre miſerables ceux qui les
avoient ſouhaitez avec tant d'ardeur.

Ne nous arreſtons donc point à ces
marques extérieures : fermons les yeux
à ce faux éclat qui nous ébloüit, & ceſ-
ſons de vouloir entrer dans le ſentiment
d'autruy, pour porter le jugement à ſon
préjudice. Il n'appartient qu'à Dieu de
juger, puiſque luy ſeul eſt capable de pénétrer juſques dans le fond des cœurs
qui nous eſt impénétrable.

CONCLUSION.

C O N C L U S I O N.

IL faut conclure cet Ouvrage, puisque la fin des choses est ordinairement ce qui en plaist davantage, & peut-estre que celle-cy est attenduë avec quelque impatience. Je me soucierois peu néanmoins de passer pour le plus mauvais Ecrivain du monde, & d'estre blâmé d'avoir usé de repetition superfluë, pourveu que je pusse contribuer à guerir quelqu'un de l'amour des délices & des vanitez du monde, & à le persuader des veritez de l'autre vie.

On dit qu'un illustre Capitaine Grec, ravi d'une grande victoire qu'il avoit remportée sur ses ennemis, fit tant d'efforts à crier : ô la belle & memorable journée ! qu'il expira sur le champ. Que je serois heureux, si par mes repetitions je pouvois obtenir de Dieu la conversion d'une ame, & que de bon cœur je finirois ma vie, en criant ; ô belles & salutaires redites ! ô avantageux manquemens !

Cinquante ans de vie passez pour la plûpart dans la Cour & dans les Armées, ont pû me donner des connoissances que de plus jeunes n'auroient pas ; & je les ay écrites autant pour moy-mesme que

N

pour les autres. Elles me representeront
continuellement tant de fautes que j'ay
faites, tant de pechez que j'ay commis,
& tant d'abismes où sans l'assistance de
Dieu je me serois malheureusement pré-
cipité; que si les Courtisans jettent les
yeux sur cet Ouvrage, quelques-uns peut-
estre s'y reconnoistront aussi bien que
moy, & avoüeront leurs défauts, comme
j'y confesse librement les miens. Peut-
estre aussi que quelque jeune Gentilhomme nouvellement arrivé à la Cour, tombant par hazard sur ce Livre, sera touché
de quelqu'un de mes avis, & s'en servira
pour prendre garde aux dangers qui l'environnent, & aux écueils qui se rencontrent sur une mer si perilleuse. C'est une
semence que je jette confusément; mais
si Dieu la fait germer, elle ne laissera pas
de porter son fruit avec autant d'abondance, que si elle avoit esté répanduë par
une main beaucoup plus habile que n'est
la mienne. Et pour conclusion, mon cher
Lecteur, je vous proteste sincerement,
que je souhaite votre salut comme le
mien propre, parce que Dieu estant notre Pere à tous, vous ne sçauriez qui que
vous soyez, n'estre point mon frere.

FIN.

APPROBATION.

J'Ay lû par l'ordre de Monseigneur le Chancelier un Livre, intitulé : *Le Courtisan Desabusé, &c.* dans lequel je n'ay rien trouvé qui doive en empescher la réimpression. A Paris ce 28. Aoust 1704. RAGUET.

PRIVILEGE DU ROY.

LOUIS par la grace de Dieu, Roy de France & de Navarre : A nos amez & feaux Conseillers les Gens tenans nos Cours de Parlement, Maistres des Requestes ordinaires de notre Hostel, Grand Conseil, Prevost de Paris, Baillifs, Sénéchaux, leurs Lieutenans Civils & autres nos Justiciers qu'il appartiendra, SALUT. NICOLAS LE GRAS Libraire à Paris, Nous ayant fait exposer qu'il desireroit faire imprimer un Livre, intitulé, *Le Courtisan Desabusé,* s'il Nous plaisoit luy accorder nos Lettres de Privilege pour la Ville de Paris seulement. Nous avons permis & permettons par ces presentes audit le Gras, de faire imprimer ledit Livre, en telle forme, marge, caractere, & autant de fois que bon luy semblera, & de le vendre, faire vendre & & debiter par tout notre Royaume pendant le temps de *cinq* années consecutives, à compter du jour de la date desdites presentes : Faisons défenses à toutes personnes de quelque qualité & condition qu'elles soient d'en introduire d'impression étrangere dans aucun lieu de notre obéissance ; & à tous Imprimeurs-Libraires & autres dans ladite Ville de Paris seulement, d'imprimer ou faire imprimer ledit Livre, & d'y en faire venir, vendre & débiter d'autre impression que de celle qui aura esté faite pour ledit Exposant, sous peine de confiscation des Exemplaires contrefaits, de mille livres d'amande contre chacun des contrevenans, dont un tiers à Nous, un tiers à l'Hostel-Dieu de Paris, l'autre tiers audit Exposant, & de tous dépens, domages & intérests. A la charge que ces presentes seront enregistrées tout au long sur le Registre de la Communauté des Imprimeurs & Libraires de Paris, & ce dans trois mois de la date d'icelles. Que l'impression dudit Livre sera faite dans notre Royaume, & non ailleurs, en bon papier & en beaux caracteres, conformément aux Reglemens de la Librairie : Et qu'avant que l'exposer en vente il en sera mis deux Exemplaires dans notre Bibliotheque publique, un dans celle de notre Chasteau du Louvre, & un dans celle de notre tres cher & feal Chevalier Chancelier de France, le sieur Phelypeaux, Comte de Pontchartrain, Commandeur de nos Ordres; le tout à peine de nullité des presentes; du contenu desquelles vous mandons & enjoignons de faire joüir l'Exposant, ou ses ayans cause pleinement & paisiblement; sans souffrir qu'il leur soit fait aucun trouble ou empeschement. Voulons &c. Car tel est notre plaisir. Donné à Versailles le sixiéme jour de Decembre, l'an de grace mil sept cent dix, & de notre Regne le soixante-huitiéme. Par le Roy en son Conseil, DE LAMET.

Registré sur le Registre n. 3. de la Communauté des Imprimeurs & Libraires de Paris, page 107. n. 115. conformément aux Reglemens, & notamment à l'Arrest du 13. Aoust 1703. A Paris le 10. Decembre 1710. Signé DE LAUNAY, Syndic.

[illegible]

9 782019 980078